GELI VON DER SCHULENBURG

GLEICH MUT

Bilder 2009 – 2023

Veröffentlicht im Rahmen der Ausstellung *Gleich Mut* in der Galerie Hübner & Hübner, Frankfurt am Main, Januar 2024.

Graphik: Zarah Landes
Druck: Krautin Verlag Berlin
Auflage: 250 Exemplare

Mit freundlicher Unterstützung der Stadt Frankfurt am Main
Dezernat für Kultur und Wissenschaft.

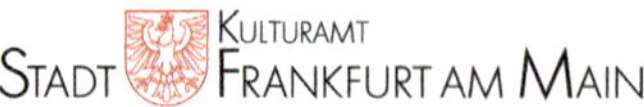

ISBN 978-3-96703-102-7

INHALTSVERZEICHNIS:

AUS DER ZEIT

Streift denn nicht uns selber ein Hauch der Luft, die um die Früheren gewesen ist?
– Walter Benjamin, *Über den Begriff der Geschichte*

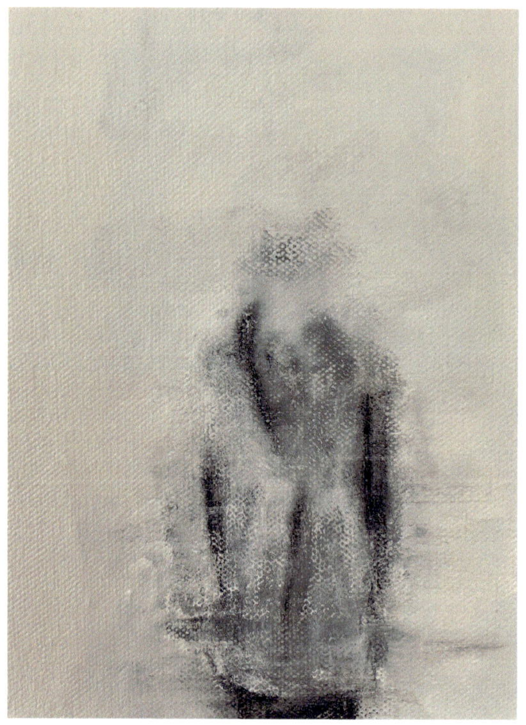

Aus der Zeit, 2009
Tusche, Acryl, Graphit, Pigmentstifte auf Leinwand
24 x 18 cm

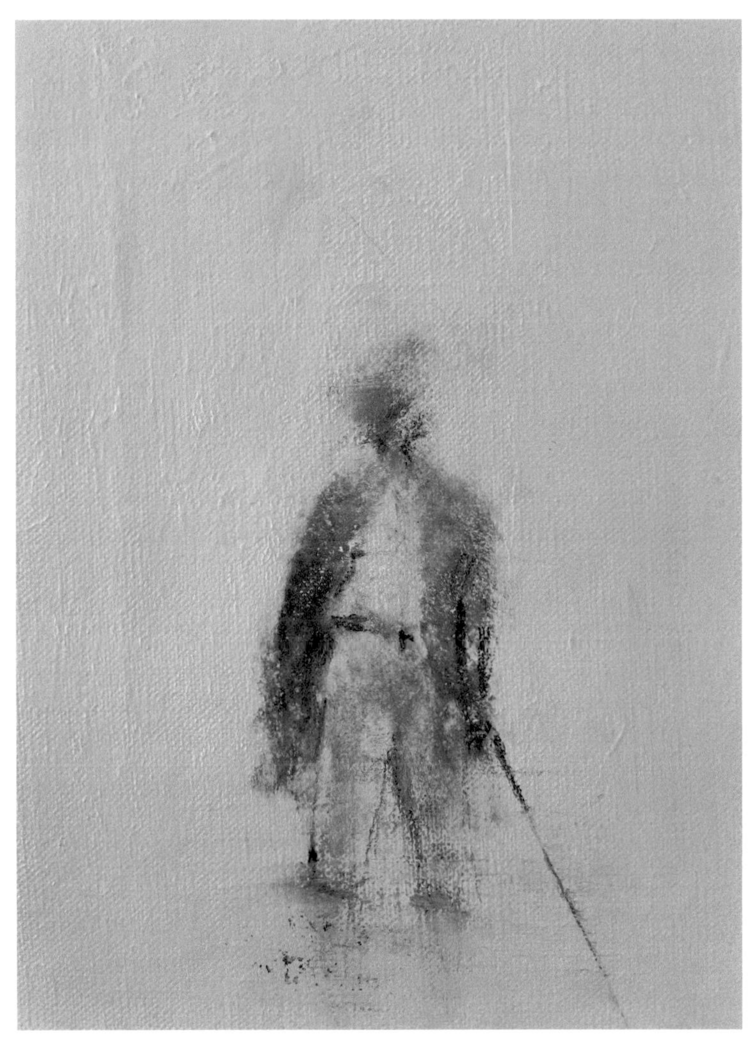

Aus der Zeit, 2009
Tusche, Acryl, Graphit, Pigmentstifte auf Leinwand
24 x 18 cm

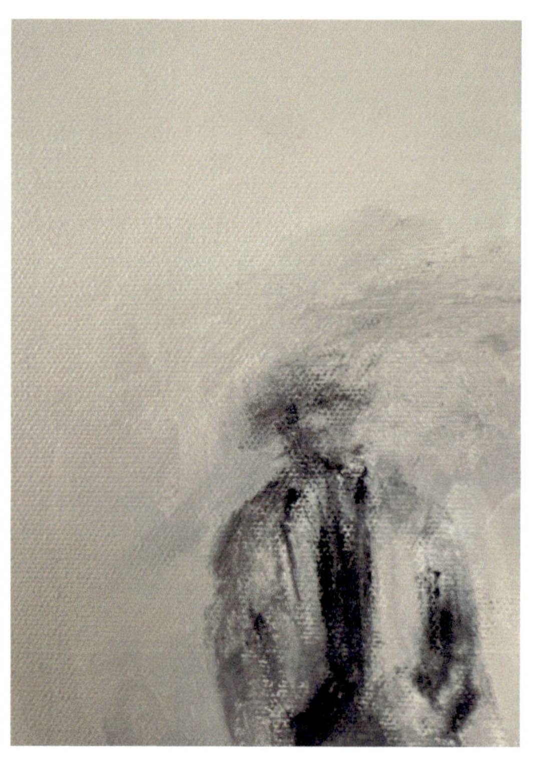

Aus der Zeit, 2009
Tusche, Acryl, Graphit, Pigmentstifte auf Leinwand
18 x 13 cm

Aus der Zeit, 2009
Tusche, Acryl, Graphit, Pigmentstifte auf Leinwand
18 x 24 cm

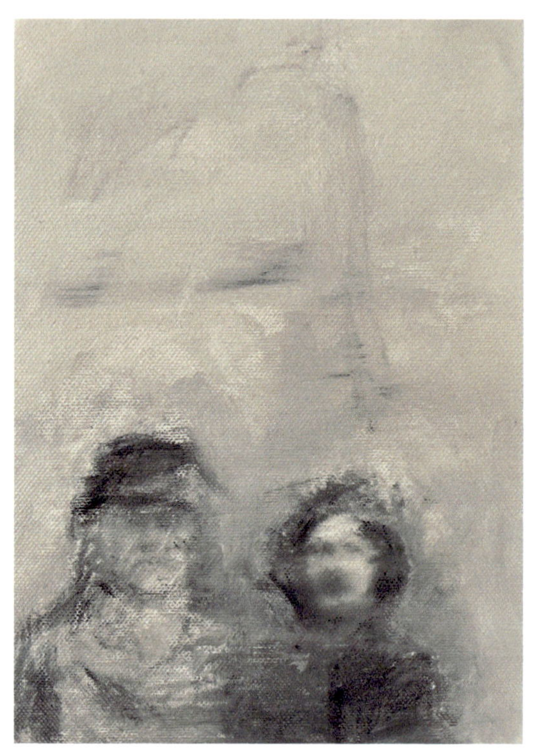

Aus der Zeit, 2009
Tusche, Acryl, Graphit, Pigmentstifte auf Leinwand
30 x 20 cm

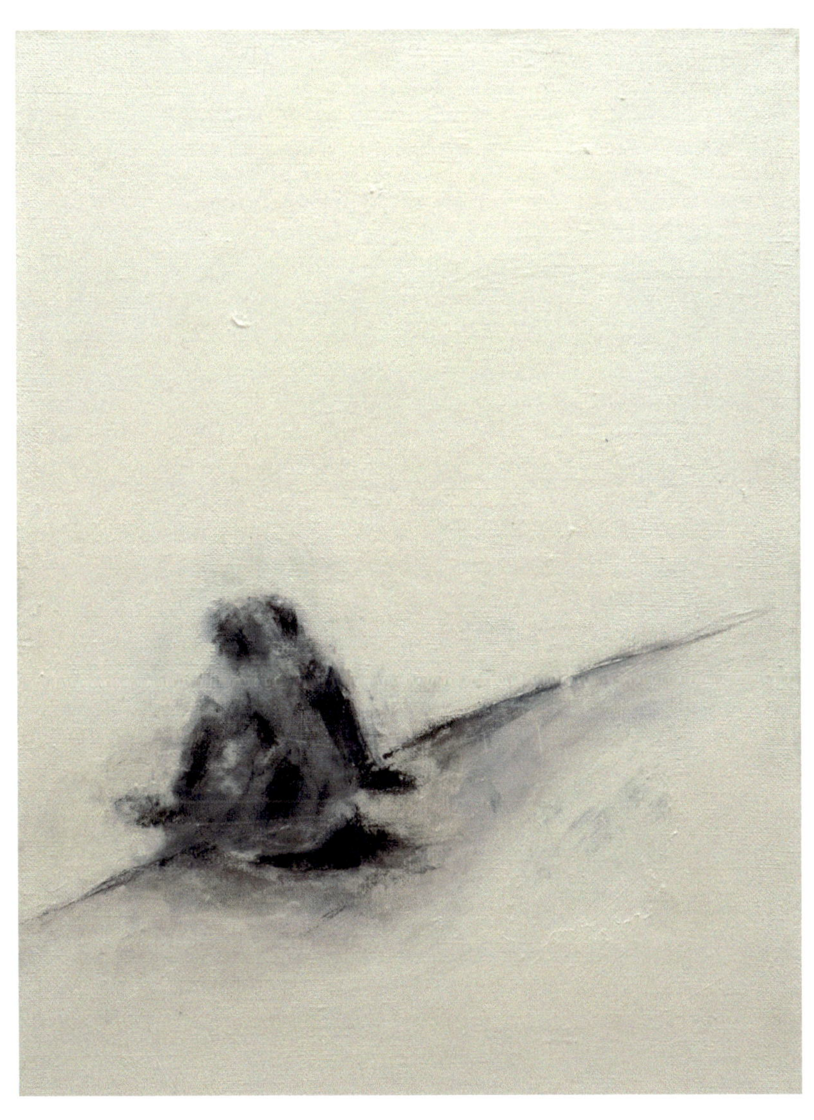

Aus der Zeit, 2009
Tusche, Acryl, Graphit, Pigmentstifte auf Leinwand
40 x 30 cm

ALTE BOOTE

Between the idea
And the reality
Between the motion
And the act
Falls the Shadow
– T. S. Elliot, *The Hollow Man*

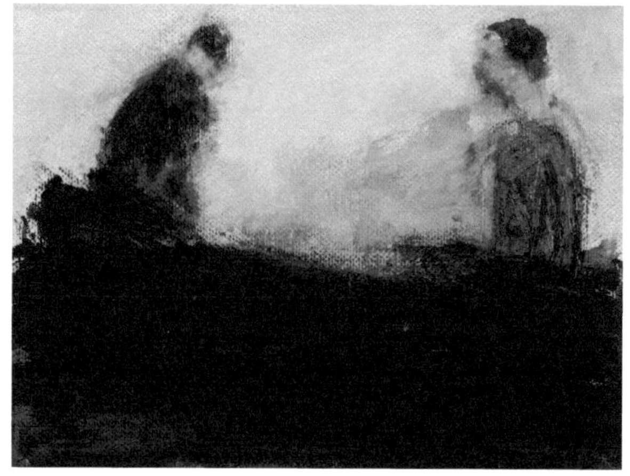

Im Boot, 2015
Tusche, Acryl, Graphit, Ölstifte auf Leinwand
15 x 20 cm

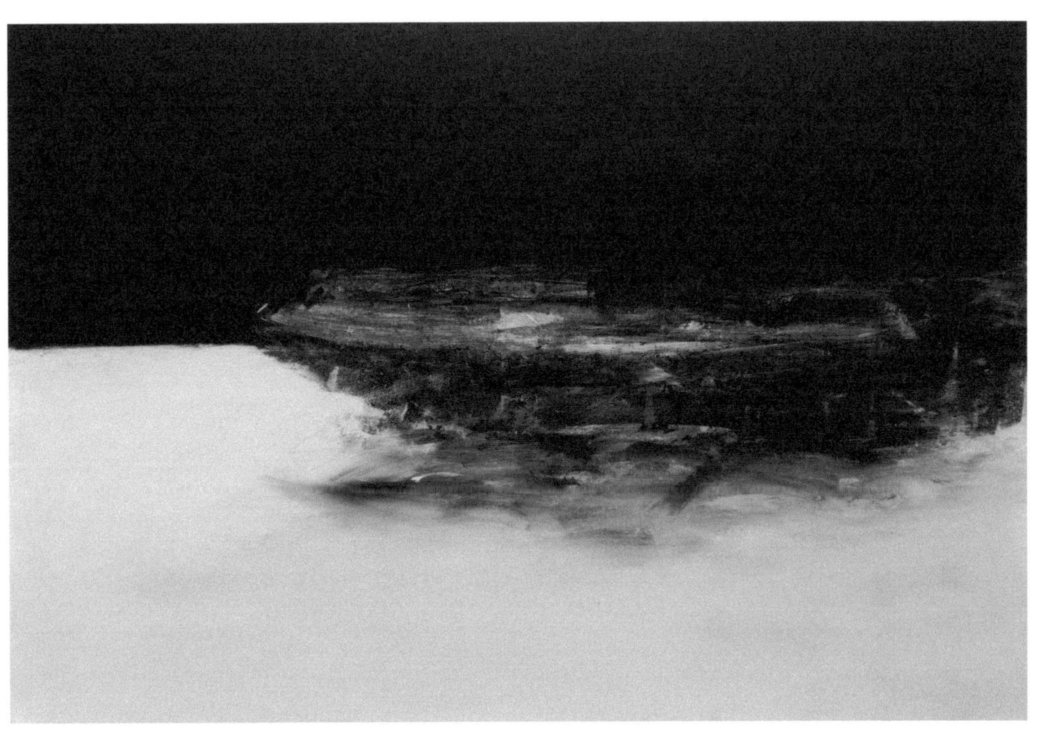

Altes Boot V, 2015
Tusche, Acryl, Graphit, Ölstifte auf Leinwand
60 x 90 cm

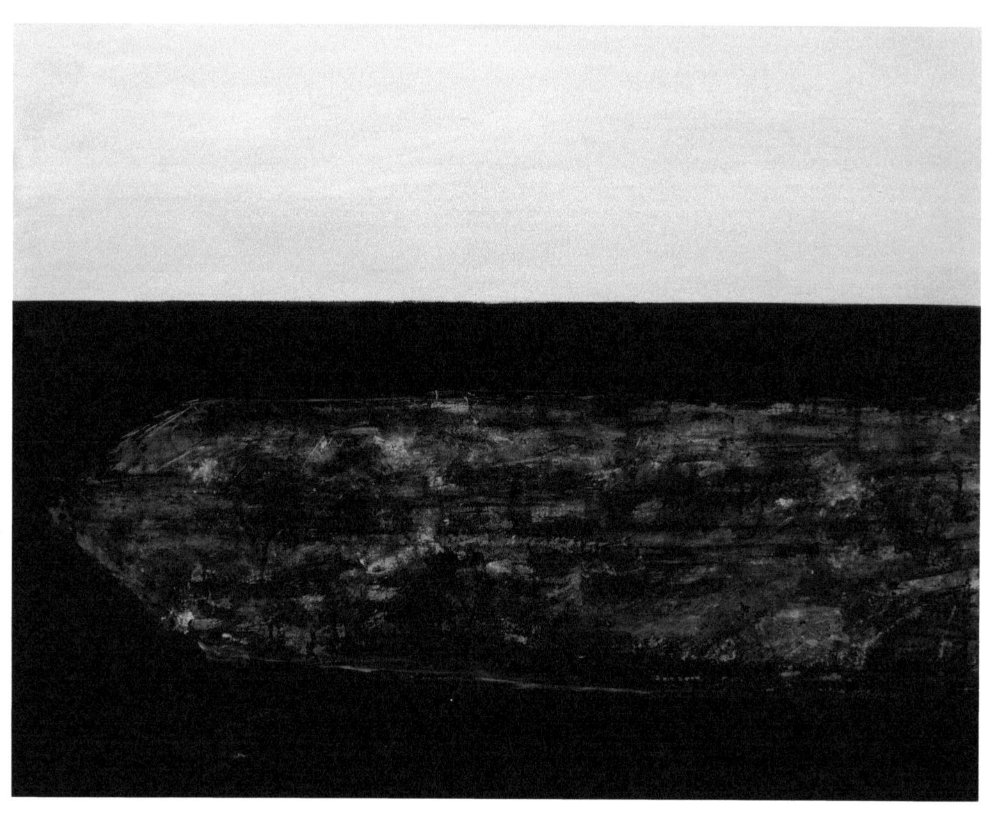

Altes Boot I, 2015
Tusche, Acryl, Graphit, Ölstifte auf Leinwand
60 x 80 cm

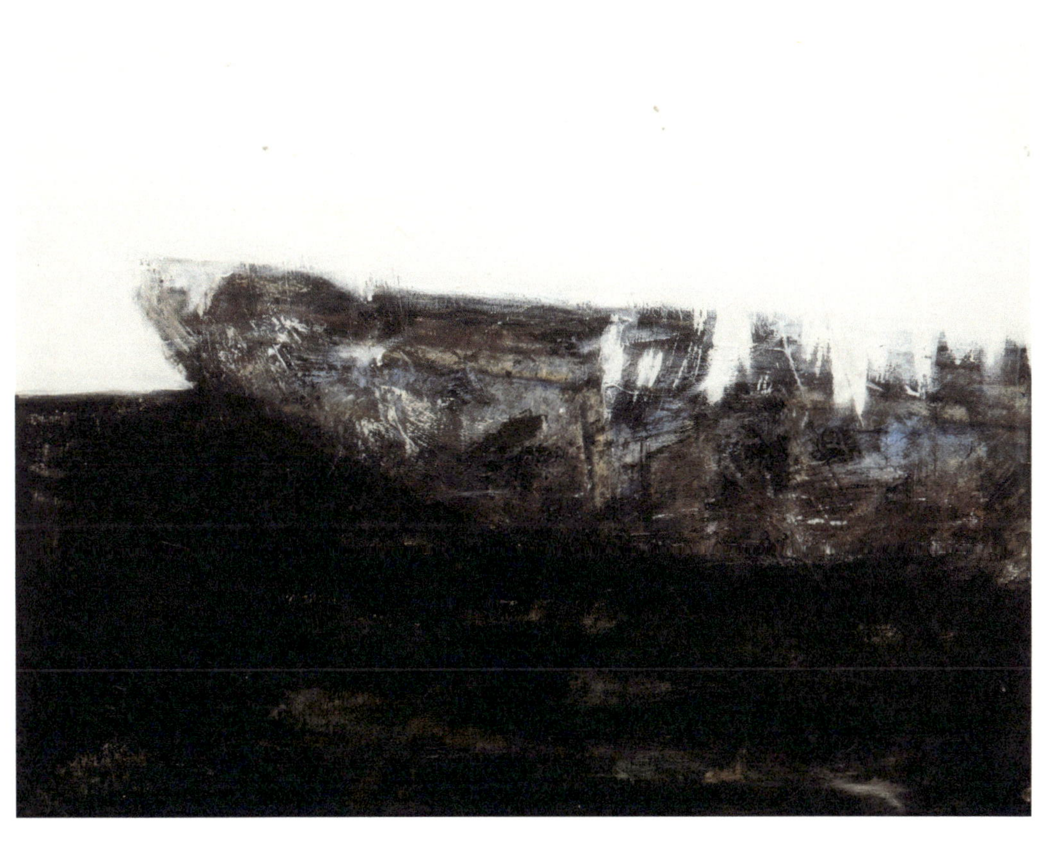

Altes Boot II, 2015
Tusche, Acryl, Graphit, Ölstifte auf Leinwand
60 x 80 cm

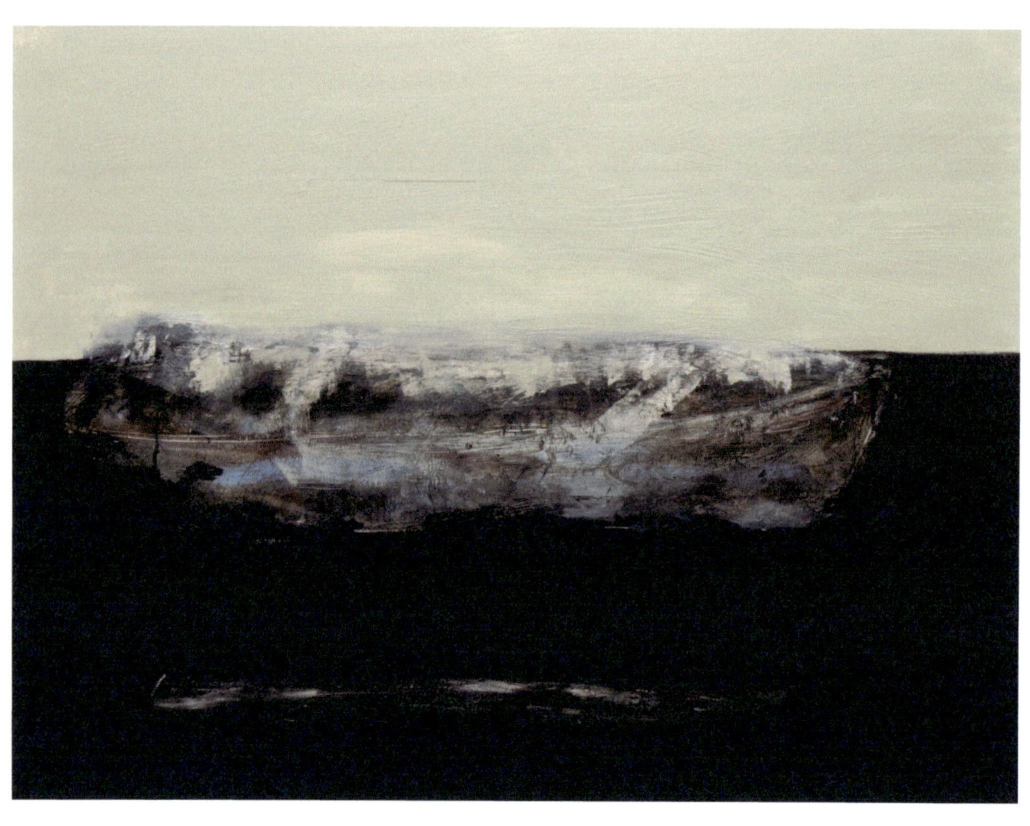

Altes Boot III, 2015
Tusche, Acryl, Graphit, Ölstifte auf Leinwand
60 x 80 cm

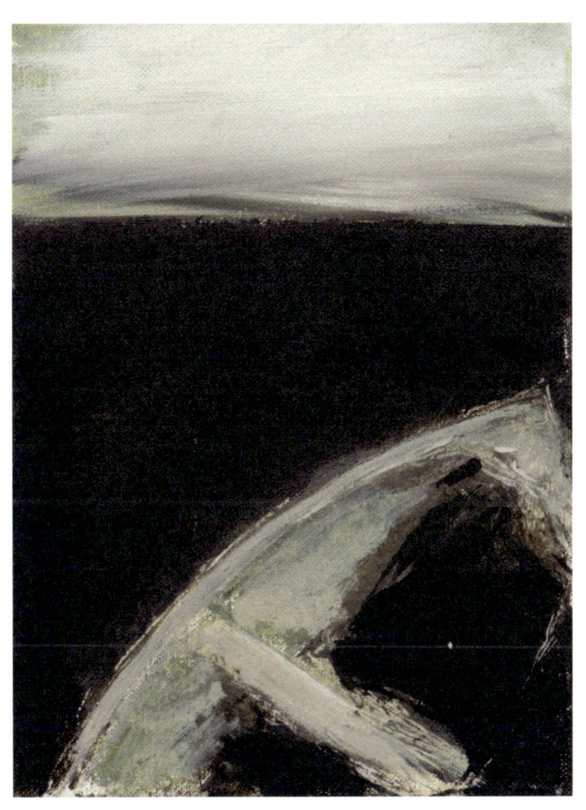

Boot, 2019
Tusche, Acryl, Graphit, Ölstifte auf Leinwand
24 x 18 cm

WACHTÜRME

Das Hervortreten der Beziehungen zwischen den Dingen ergibt, mehr als die Dinge selbst, immer neue Bedeutungen.

– Aldo Rossi, *Wissenschaftliche Selbstbiografie*

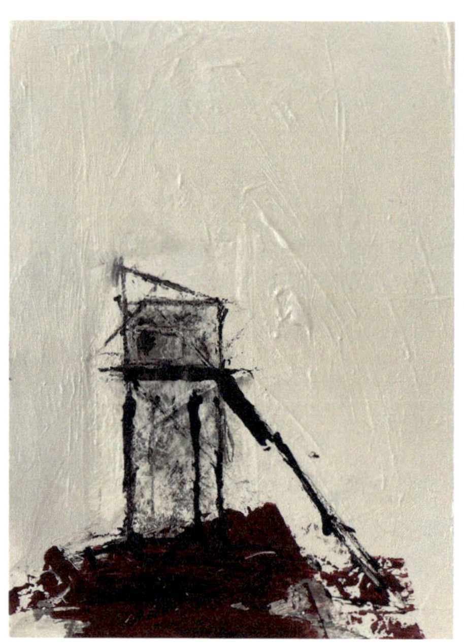

Wachturm I, 2012/22
Tusche, Acryl, Graphit, Pigmentsifte auf Papier und Leinwand
24 x 18 cm

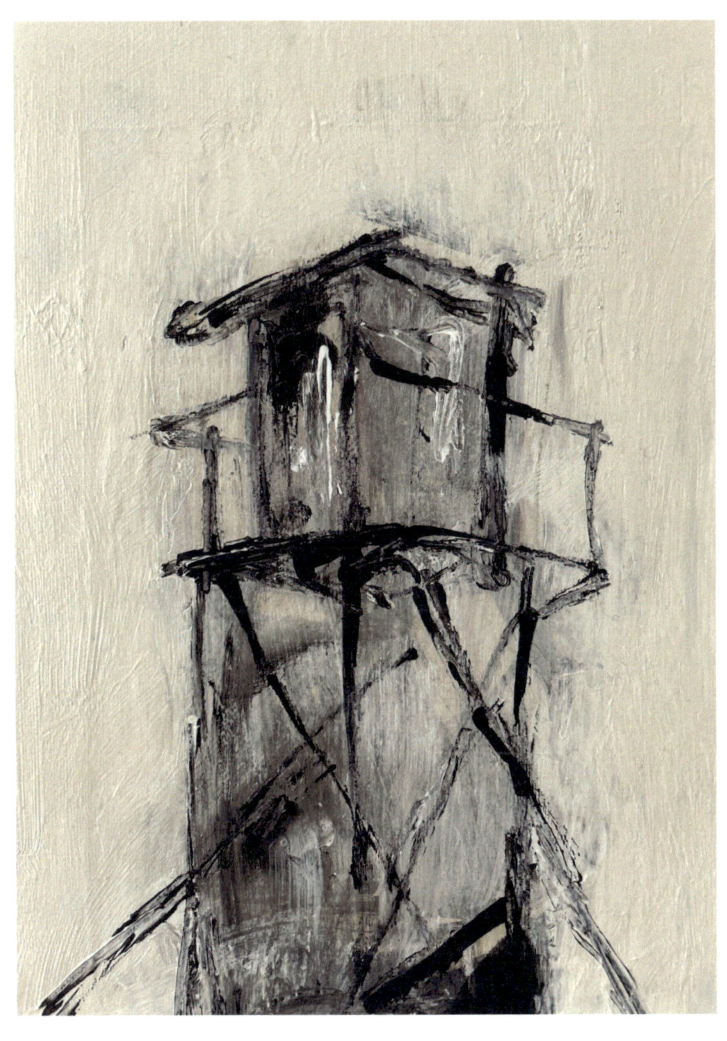

Wachturm II, 20212/22
Tusche, Acryl, Graphit, Pigmentsifte auf Papier und Leinwand
24 x 18 cm

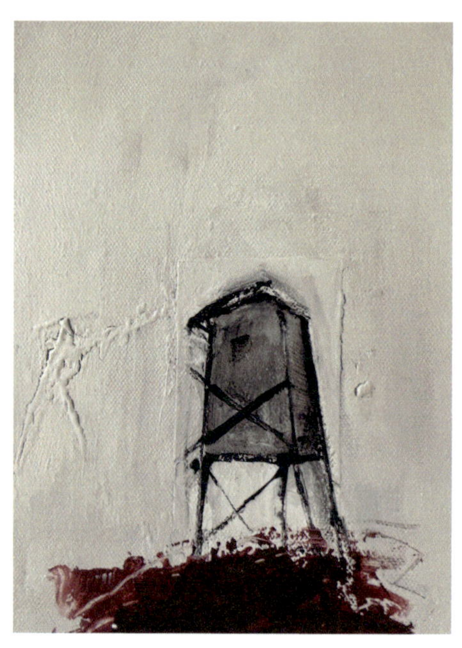

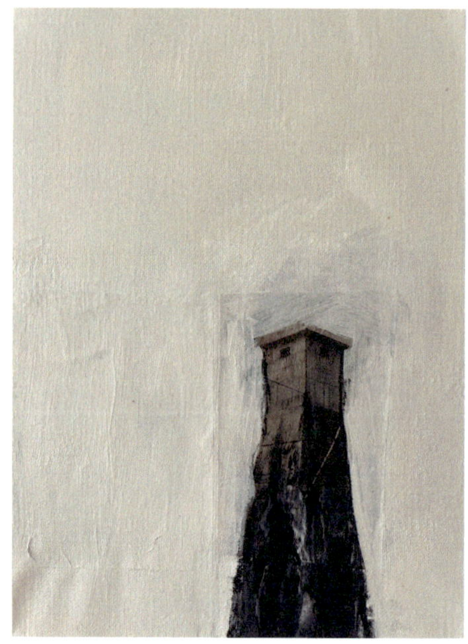

oben:
Wachturm III, 2012/22
Tusche, Acryl, Graphit auf Papier und Leinwand
24 x 18 cm

unten:
Wachturm IV, 2012/22
Tusche, Acryl, Graphit auf Papier und Leinwand
24 x 18 cm

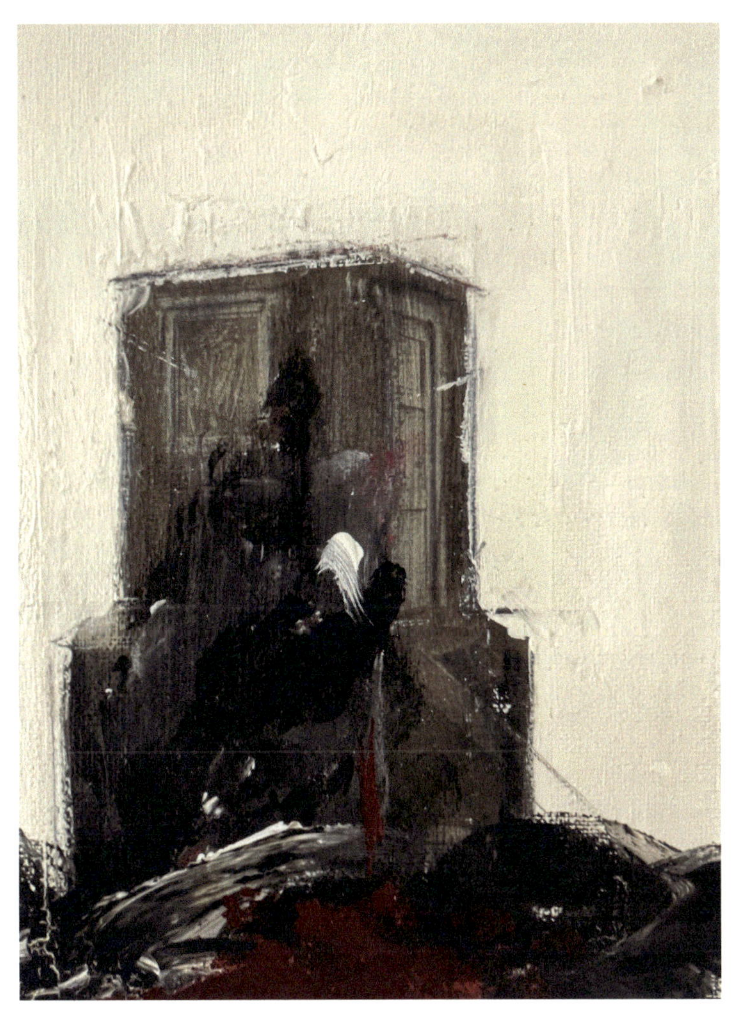

Wachturm V, 20212/22
Tusche, Acryl, Graphit, Pigmentsifte auf Papier und Leinwand
24 x 18 cm

SCHWEIGELAND

But I tell you Lord fool, out of this nettle danger, we pluck the flower safety.
– William Shakespeare, *History of Henry IV*, auf dem Grabstein von Katherine Mansfield

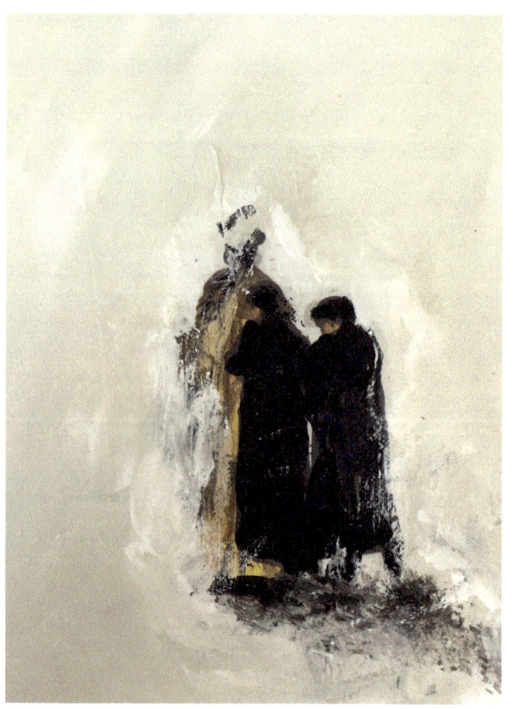

Prozession, 2012
Tusche, Acryl, Graphit, Pigmentstifte auf Papier und Leinwand
24 x 18 cm

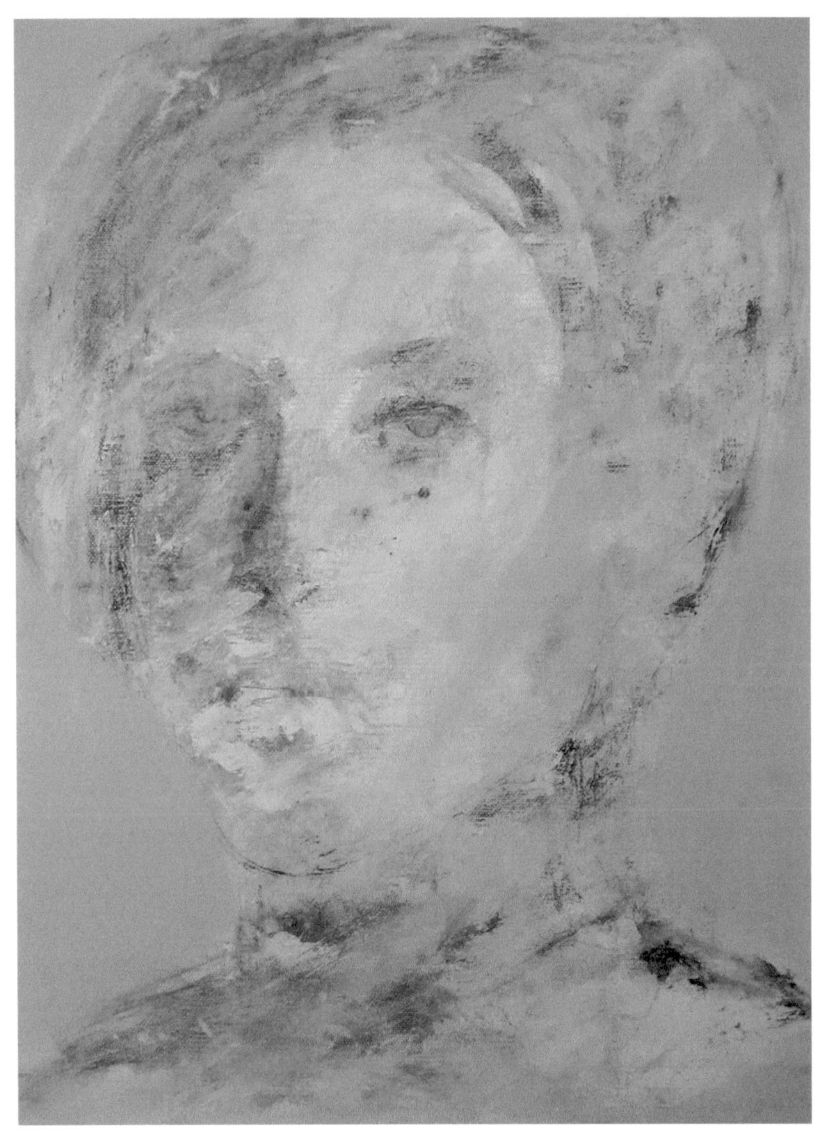

Portrait, 2013
Tusche, Acryl, Graphit, Pigmentstifte auf Leinwand
70 x 50 cm

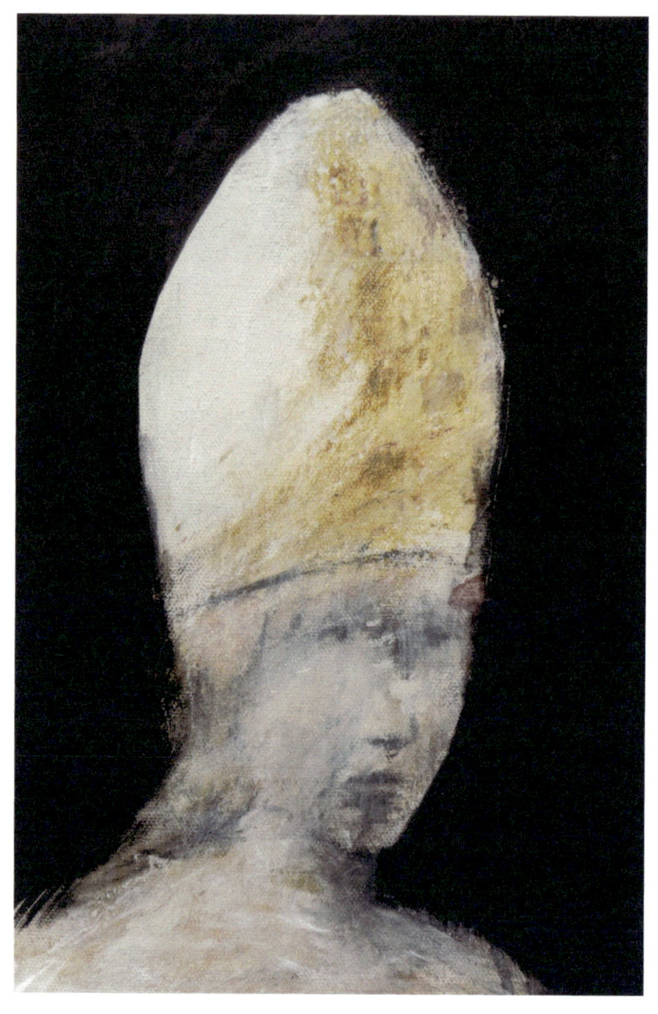

Päpstlein, 2018
Tusche, Acryl, Graphit, Pigmentstifte auf Leinwand
30 x 20 cm

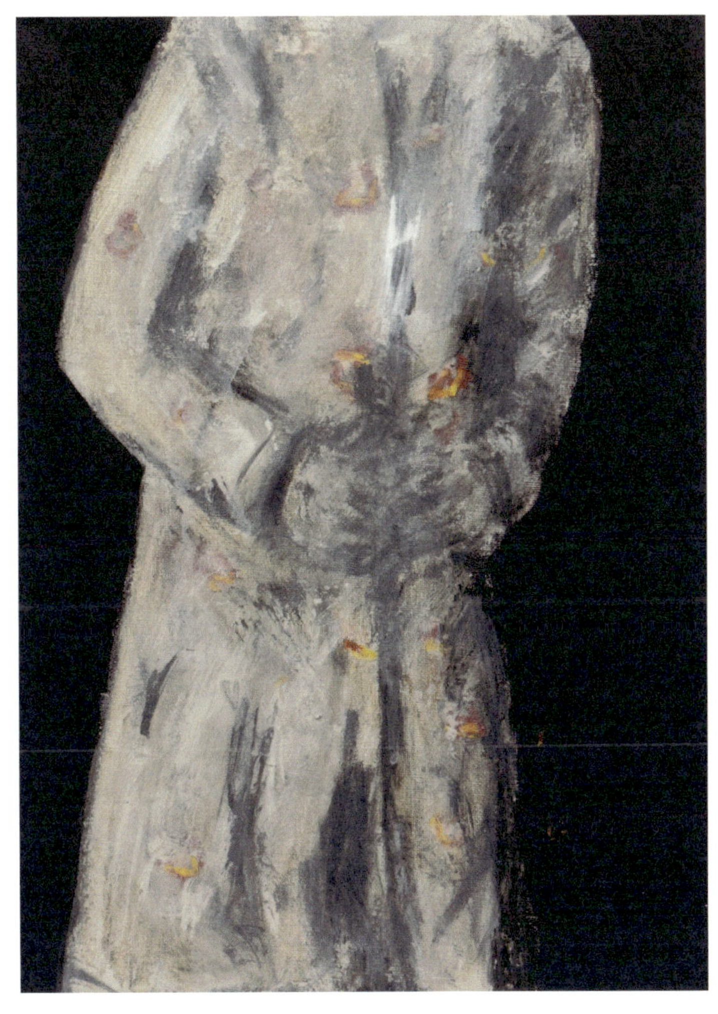

Blumen, 2012/20
Tusche, Acryl, Graphit, Pigmentstifte auf Leinwand
40 x 30 cm

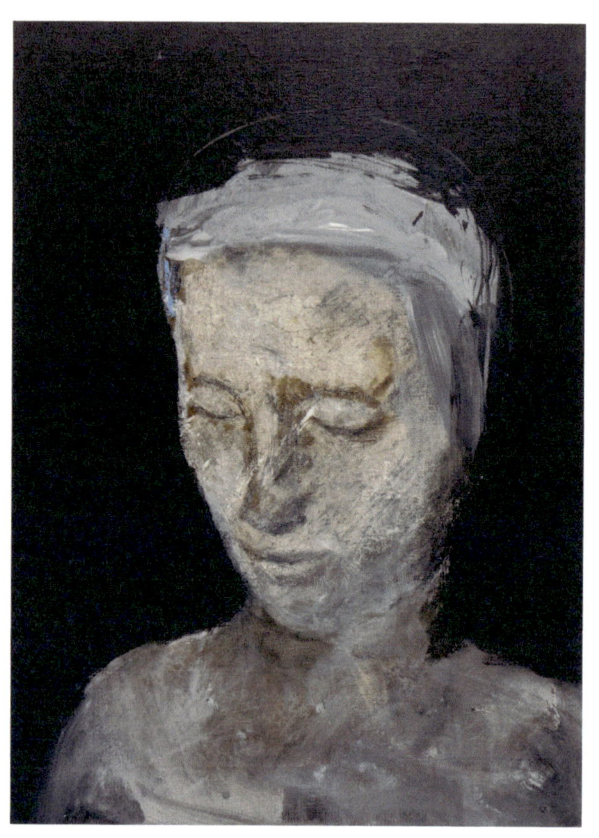

Portrait, 2021
Tusche, Acryl, Graphit, Öltstifte auf Leinwand
40 x 30 cm

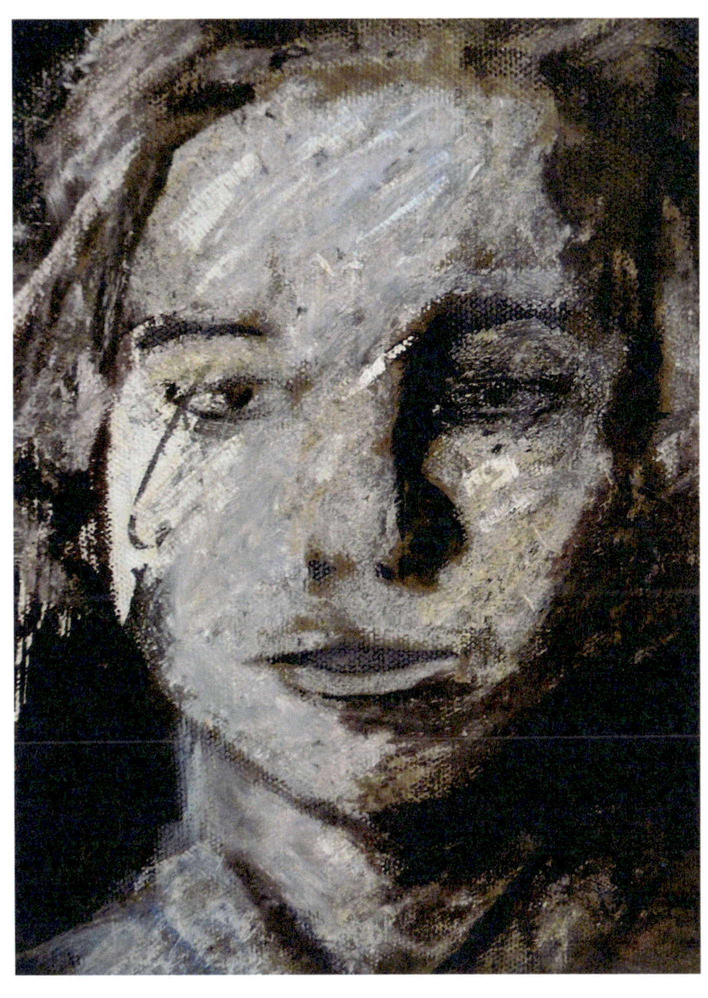

Olga Luft, 2009
Tusche, Acryl, Graphit, Ölstifte auf Leinwand
40 x 30 cm

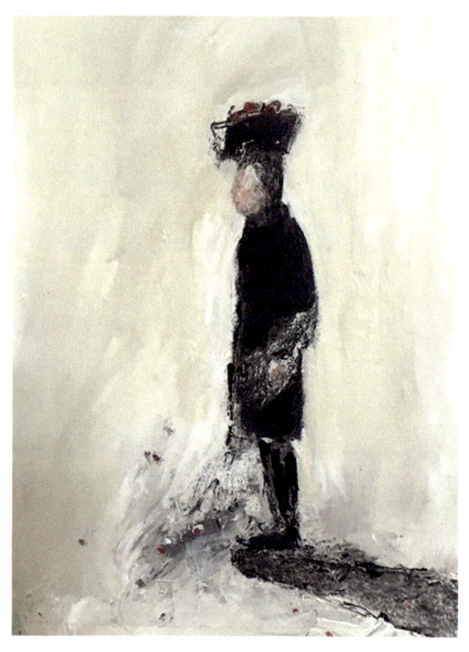

Finistére, 2012
Tusche, Acryl, Graphit, Ölstifte auf Papier und Leinwand
24 x 18 cm

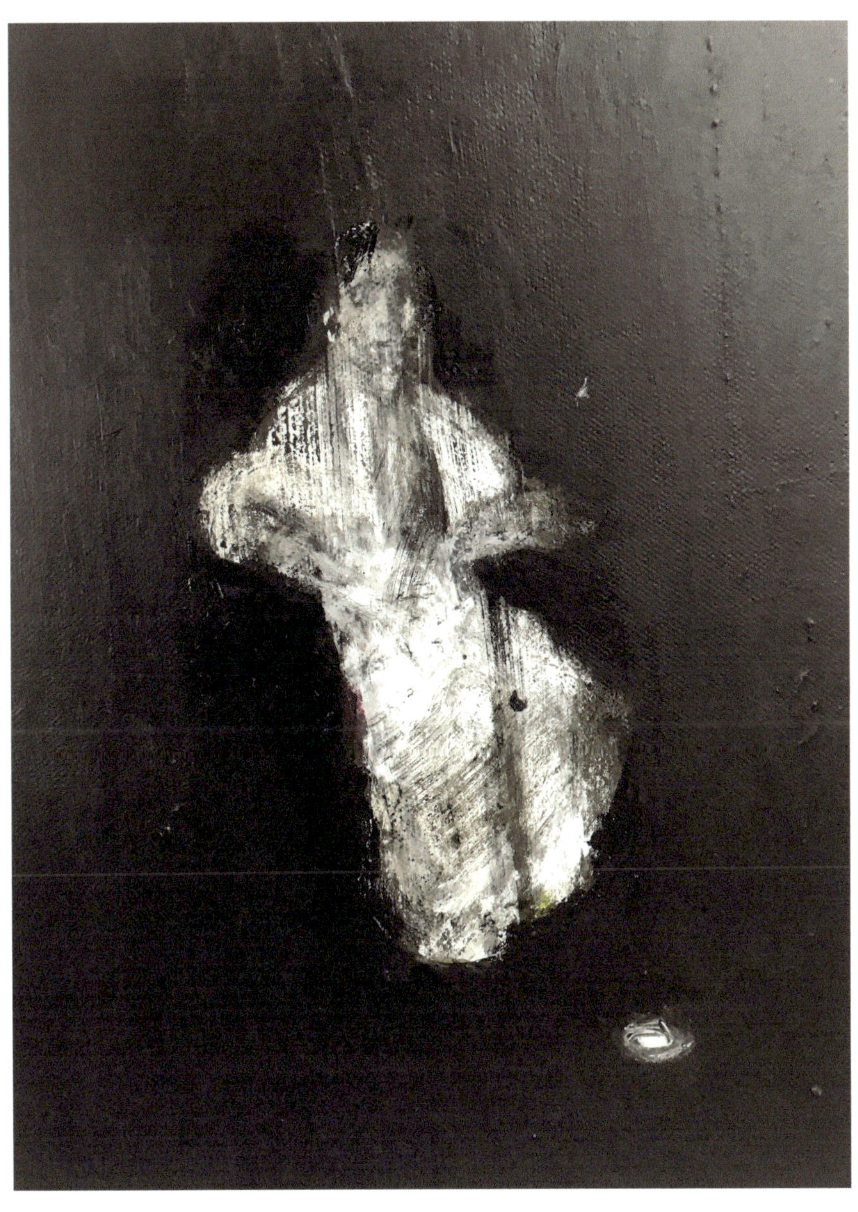

Rätsel, 2018
Tusche, Acryl, Graphit, Ölstifte auf Leinwand
40 x 30 cm

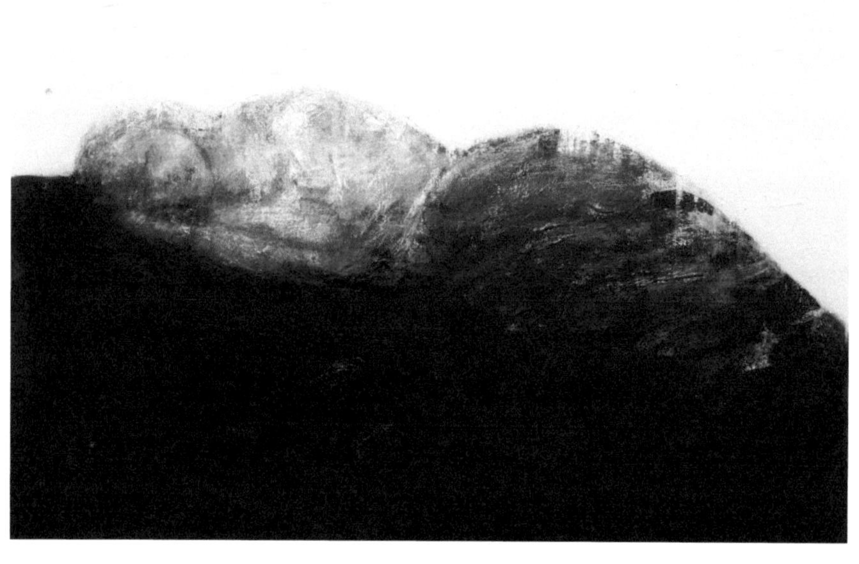

Schlaf, 2009
Tusche, Acryl, Graphit, Ölstifte auf Leinwand
60 x 90 cm

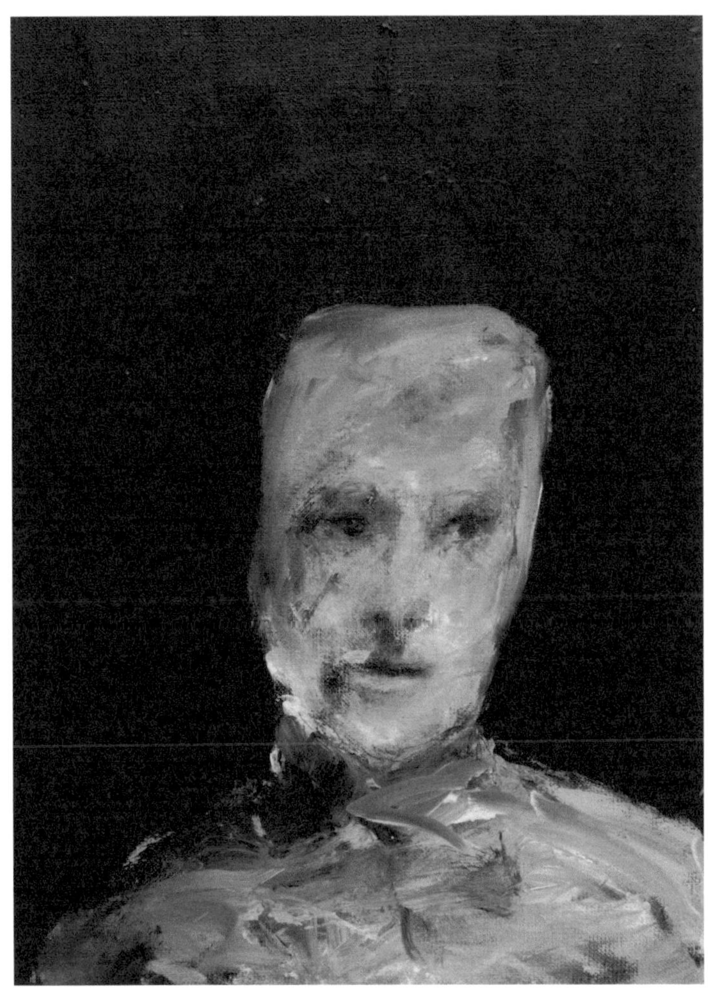

Portrait, 2019
Tusche, Acryl, Graphit, Ölstifte auf Leinwand
40 x 30 cm

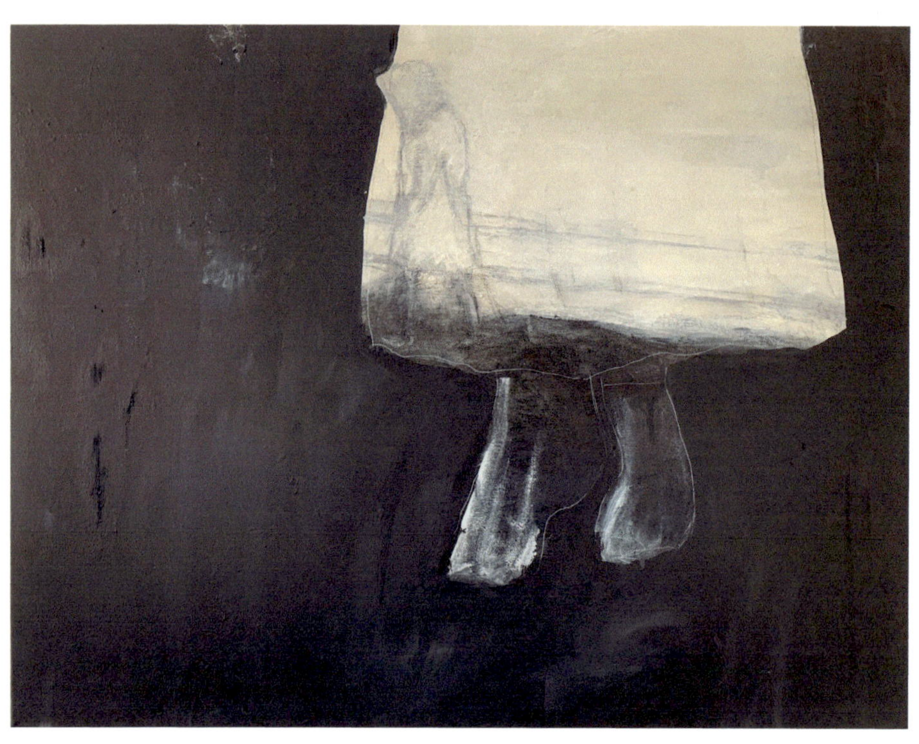

Tanz im Schatten, 2020
Tusche, Acryl, Graphit, Ölstifte auf Leinwand
50 x 70 cm

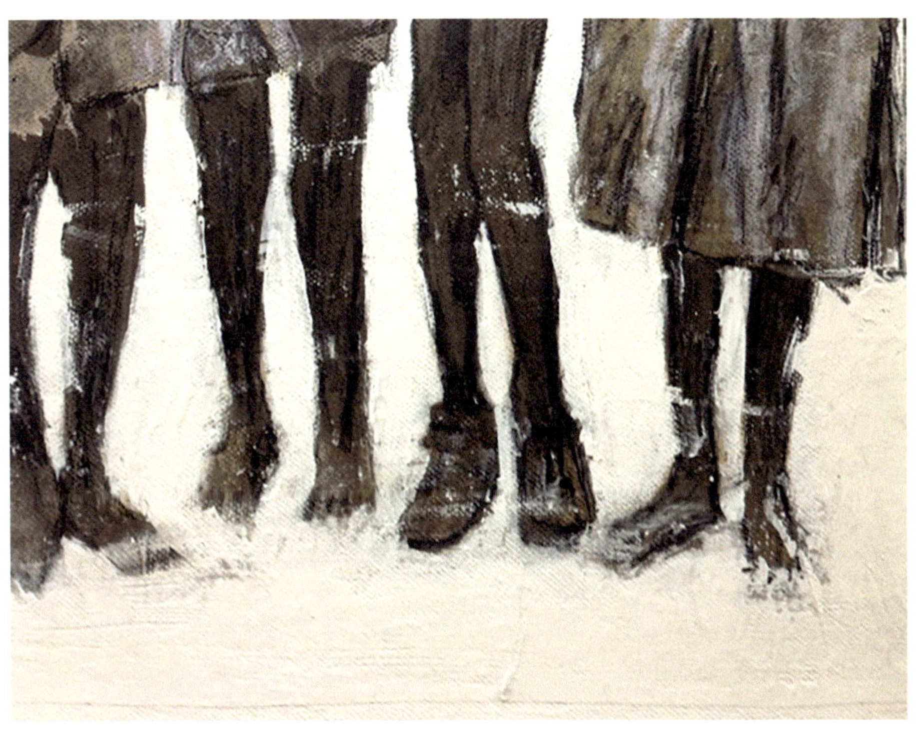

Beine I, 2011
Tusche, Acryl, Graphit, Ölstifte auf Leinwand
30 x 40 cm

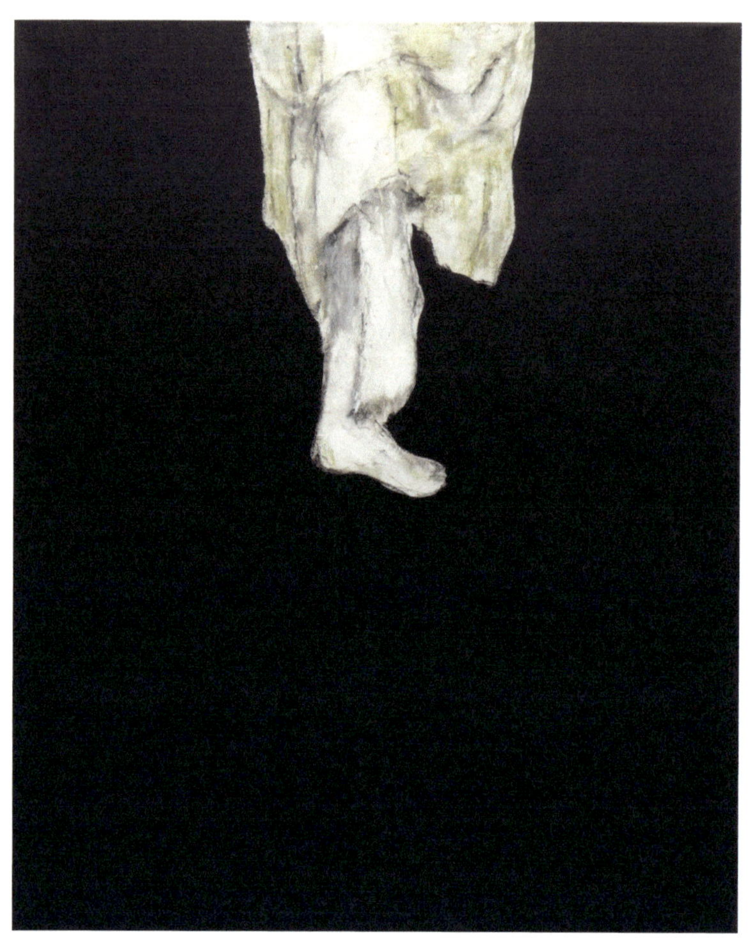

Tanz, 2016
Tusche, Acryl, Graphit, Ölstifte auf Leinwand
60 x 50 cm

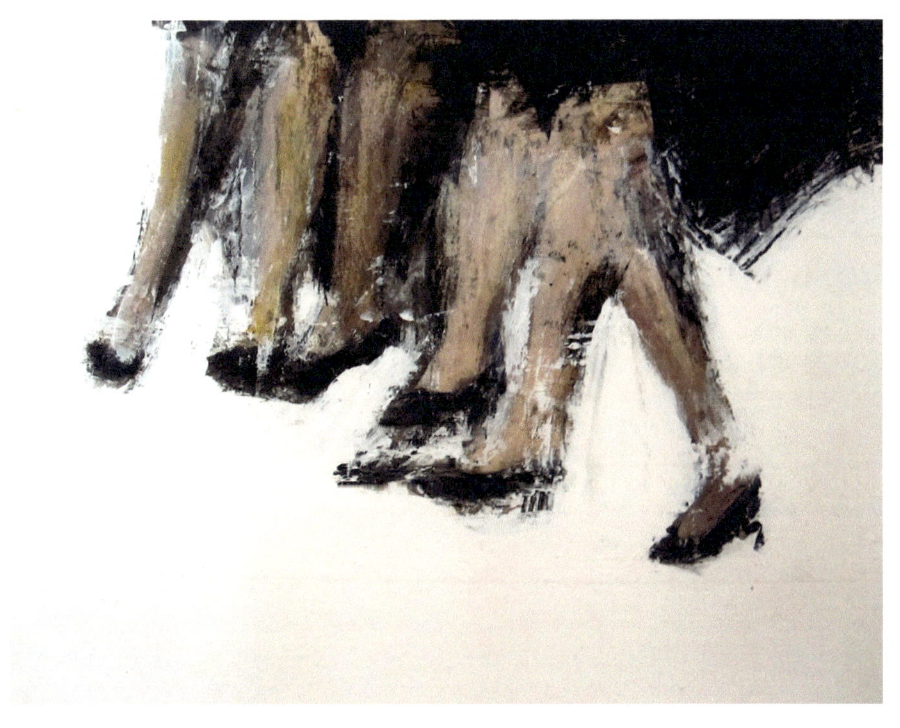

Beine II, 2012
Tusche, Acryl, Graphit, Ölstifte auf Leinwand
30 x 40 cm

FACE ROOM

Geli Schulenburgs Gesichter zeigen mehr als eine konkrete Person – sie stehen für allgemein menschliche Typen, für das zu allen Zeiten Präsente. Von der Bühne und aus der Literatur sind uns diese archetypischen Charaktere vertraut; die machtbesessene und skrupellose Lady Macbeth, der von seinen Wünschen getriebene Verführer Don Giovanni oder der in seinem Idealismus zugleich heroische und lächerliche Don Quichotte. Bei bildlichen Porträts war dies in der Neuzeit meist anders: Hier wollten sich echte Personen ihrer Individualität versichern und als solche wahrgenommen werden. In diesem Sinne war Albrecht Dürers berühmtes Selbstporträt im Pelzrock vor allem ein Ausdruck des Selbstbewusstseins, der Einzigartigkeit und der Unwiederholbarkeit des Individuums.

Mit der Erfindung der Fotografie im 19. Jahrhundert stürzte die Malerei als Nachahmung der Natur in eine schwere Krise. Warum sollten Künstler weiterhin malen, was auf einer Fotografie weit genauer wiedergegeben werden konnte? Und auch das Publikum bevorzugte bald die neuen technischen Möglichkeiten. Als Reaktion entstanden neue Kunstrichtungen – die abstrakte Kunst, der Kubismus –, die Gegenstände zeigten, die sich nicht fotografieren ließen, oder die die Dinge auf eine Weise darstellten, wie dies ein Fotoapparat nicht konnte – mit emotionaler Tiefe oder auch als überindividuelle, archetypische Situationen.

Porträtierte Gesichter waren aber immer mehr als die Darstellung einer konkreten Person; und sie müssen dies sein, wenn sie uns noch nach Jahrhunderten faszinieren sollen, obwohl die Erinnerung an die porträtierten Menschen längst verschwunden ist. Auch wenn die Künstler der Gotik oder der Renaissance sich bei religiösen Gemälden, die Maria mit dem kindlichen Jesus zeigen, vom Anblick echter Frauen und Kinder inspirieren ließen, zeigten diese doch weit mehr. Ihre emotionale Kraft entfalten sie nur zum geringen Teil aus individuellen Zügen oder dem religiösen Symbolgehalt heraus, sondern aus der Tatsache, dass hier eine für alle Menschen höchst bedeutsame und für die emotionale Reifung unerlässliche Urszene dargestellt wird. Diese Form sozialer Interaktion ist nichts Individuelles, und sie wurde auch nicht vom Christentum erfunden, sondern was wir hier wahrnehmen und was unsere Gefühle anspricht, ist der evolutionär

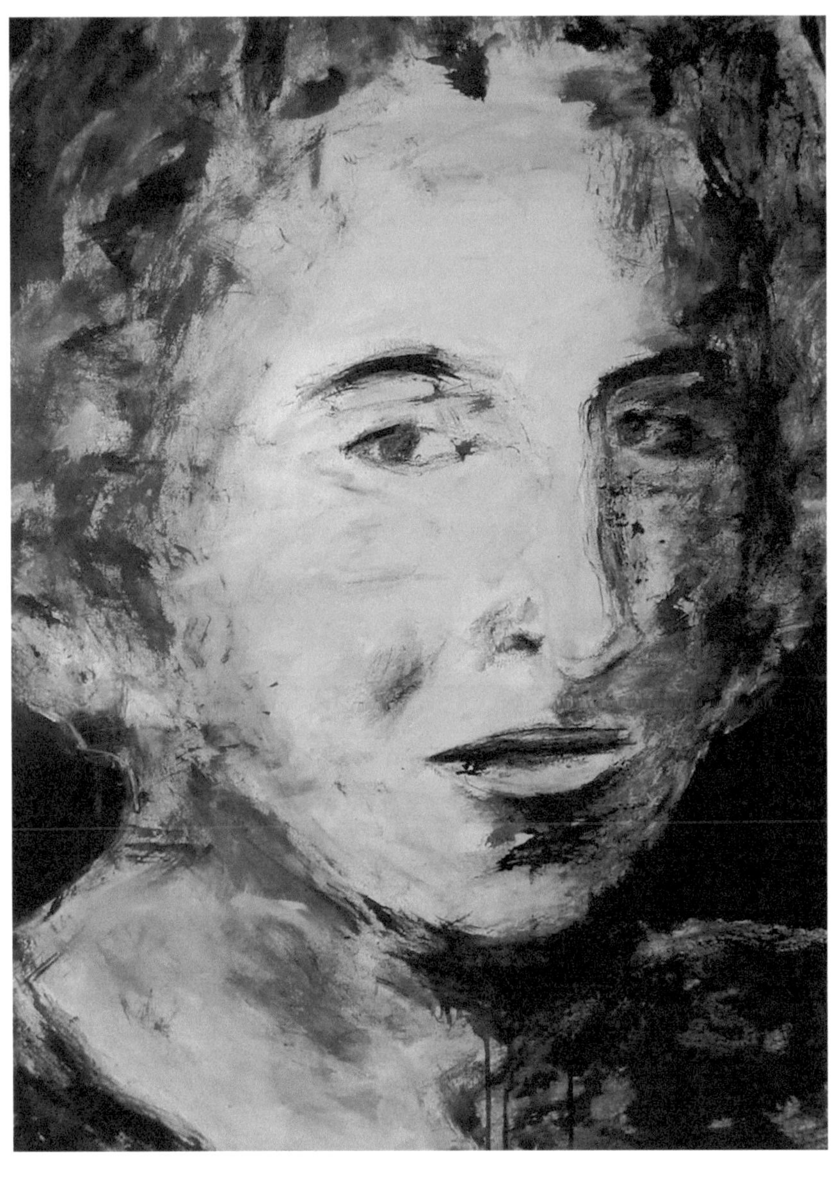

Dein Lächeln, 2012
Tusche, Acryl, Graphit, Ölstifte auf Leinwand
70 x 50 cm

entstandene Brutpflegeinstinkt bei Säugetieren. Ist dies zu prosaisch, zu wenig bedeutungsschwanger? Vielleicht – aber es erinnert uns an die Tatsache, dass wir auch körperliche Wesen mit biologischen Bedürfnissen sind, welche nicht einfach übergangen werden dürfen, wenn wir glücklich werden wollen.

Diesem „selben, gleichen und unwandelbaren Wesen" des Menschen, den „Grundeigenschaften des menschlichen Herzens und Kopfes", von denen Arthur Schopenhauer so fasziniert war und in deren Darstellung er das einzig legitime Ziel der Kunst sah, diesem „Identischen und unter allem Wechsel Beharrenden", spürt auch Geli Schulenburg nach. Bei der „Sonnenbadenden" finden wir die Ruhe und Selbstvergessenheit wieder. „... Hast du sie nicht inne, die kostbare Gegenwart ...?". „Der Alte" und das „Schattengesicht" berichten in kräftigen Strichen und Konturen von den Fährnissen des Lebens. Es ist, als wüssten die Gesichter, dass sie bei aller Individualität eine Lebensaufgabe zu erfüllen haben.

Wie der König und die Königin auf einem Schachbrett sind ihnen nur wenige Züge möglich, die dann mit Unerbittlichkeit ein bestimmtes Schicksal nach sich ziehen. Und so beharren der „König" und die „Königin" bei Geli Schulenburg nicht triumphierend auf ihrer Macht, sondern sie wirken traumverloren, von Lebensweisheit geprägt. Fast verwundert richtet sich ihr Blick auf das, „was sie gesehen haben", auf das Glück, auf die Schrecken und die Wirrnisse des Lebens. Und so sind Geli Schulenburgs Gesichter nicht nur von Emotionen geprägt, sondern sie erzählen auch von meditativer Ruhe, von Lebenserfahrung, vom Vergessen des individuellen Selbst und von der Zerbrechlichkeit des Daseins.

– Prof. Dr. Thomas Junker, Evolutionsbiologe.

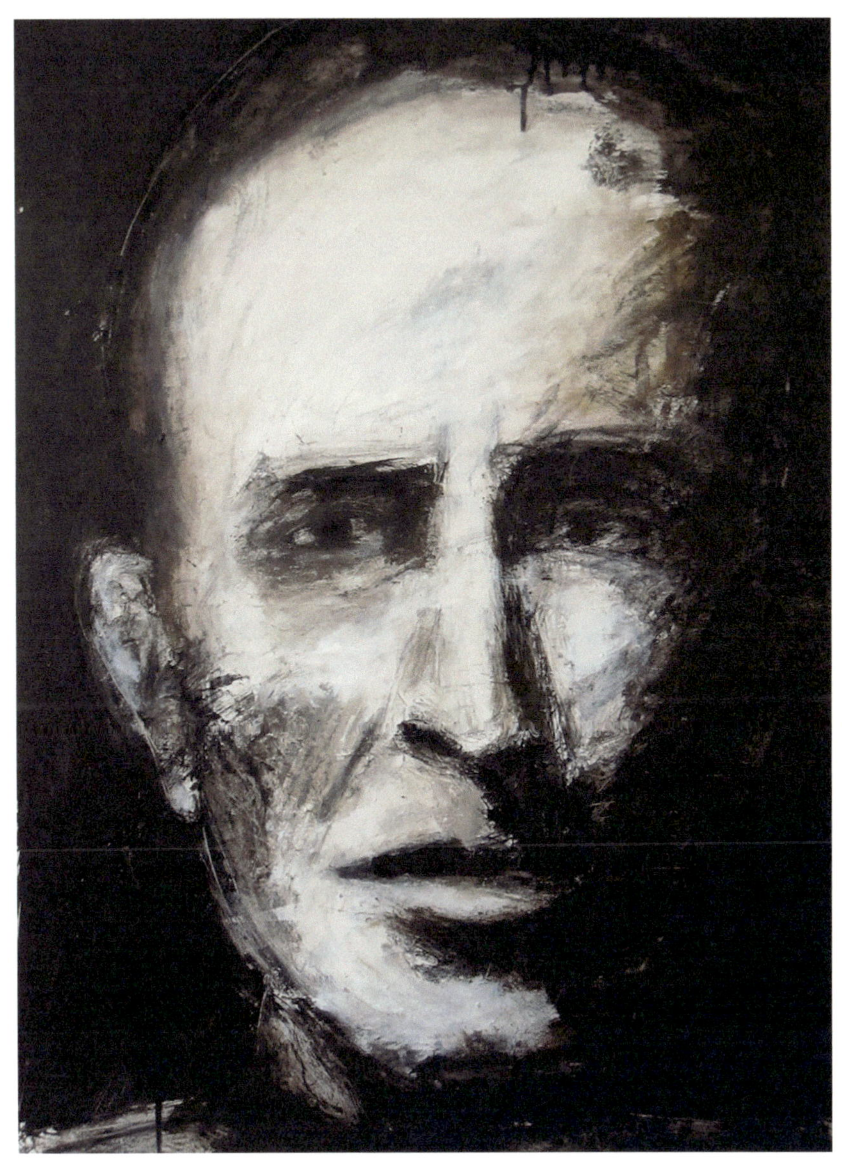

Faceroom I, 2011
Tusche, Acryl, Graphit, Ölstifte auf Leinwand
80 x 60 cm

FACE ROOM

Geli Schulenburg's faces show more than a specific person - they stand for general human types, for what is present at all times. We are familiar with these archetypal characters from the stage and from literature; the power-obsessed and unscrupulous Lady Macbeth, the seducer Don Giovanni driven by his desires or Don Quixote, who is both heroic and ridiculous in his idealism. In the modern era, this was usually different in the case of pictorial portraits: here, real people wanted to assert their individuality and be recognised as such. In this sense, Albrecht Dürer's famous self-portrait in a fur coat was above all an expression of self-confidence, uniqueness and the unrepeatability of the individual person.

With the invention of photography in the 19th century, painting as an imitation of nature plunged into a serious crisis. Why should artists continue to paint what could be reproduced far more accurately in a photograph? And the public soon favoured the new technical possibilities. In response, new art movements emerged - abstract art, cubism - that depicted objects that could not be photographed or that represented things in a way that a camera could not - with emotional depth or in supra-individual, archetypal situations.

However, portrayed faces were always more than the depiction of a specific person; and they have to be if they are still to fascinate us centuries later, even though the memory of the people portrayed has long since disappeared. Even if the artists of the Gothic or Renaissance periods were inspired by the sight of real women and children in religious paintings showing Mary with the infant Jesus, they nevertheless showed much more. Their emotional power derives only to a small extent from individual features or religious symbolism, but from the fact that they depict a primal scene that is highly significant for all people and essential for emotional maturation. This form of social interaction is nothing individual and it was not invented by Christianity, but what we perceive here, and what appeals to our feelings, is the evolutionary breeding instinct in mammals. Is this too prosaic, too insignificant? Perhaps - but it reminds us of the fact that we are also physical beings with biological needs that cannot simply be ignored if we want to be happy.

Geli Schulenburg also traces this "same, equal and unchanging essence" of man, the "basic characteristics of the human heart and mind", which Arthur Schopenhauer was so fascinated by and in the depiction of which he saw the only legitimate goal of art, this "identical and persistent under all change". In the "Sunbather" we find the calm and self-forgetfulness again. "... Haven't you realised it, the precious presence ...?". "The Old Man" and the "Shadow Face" tell of the perils of life in bold strokes and contours. It is as if the faces know that, despite their individuality, they have a life task to fulfil.

Like the king and queen on a chessboard, they are only able to make a few moves, which then inexorably lead to a certain fate. And so the "King" and the "Queen" in Geli Schulenburg's work do not insist triumphantly on their power, but appear lost in a dream, characterised by wisdom. Their gaze is directed almost in wonder at "what they have seen", at happiness, at the horrors and confusion of life. And so Geli Schulenburg's faces are not only characterised by emotions, but also tell of meditative calm, of life experience, of forgetting the individual self and of the fragility of existence.

– Prof. Dr. Thomas Junker, evolution biologist

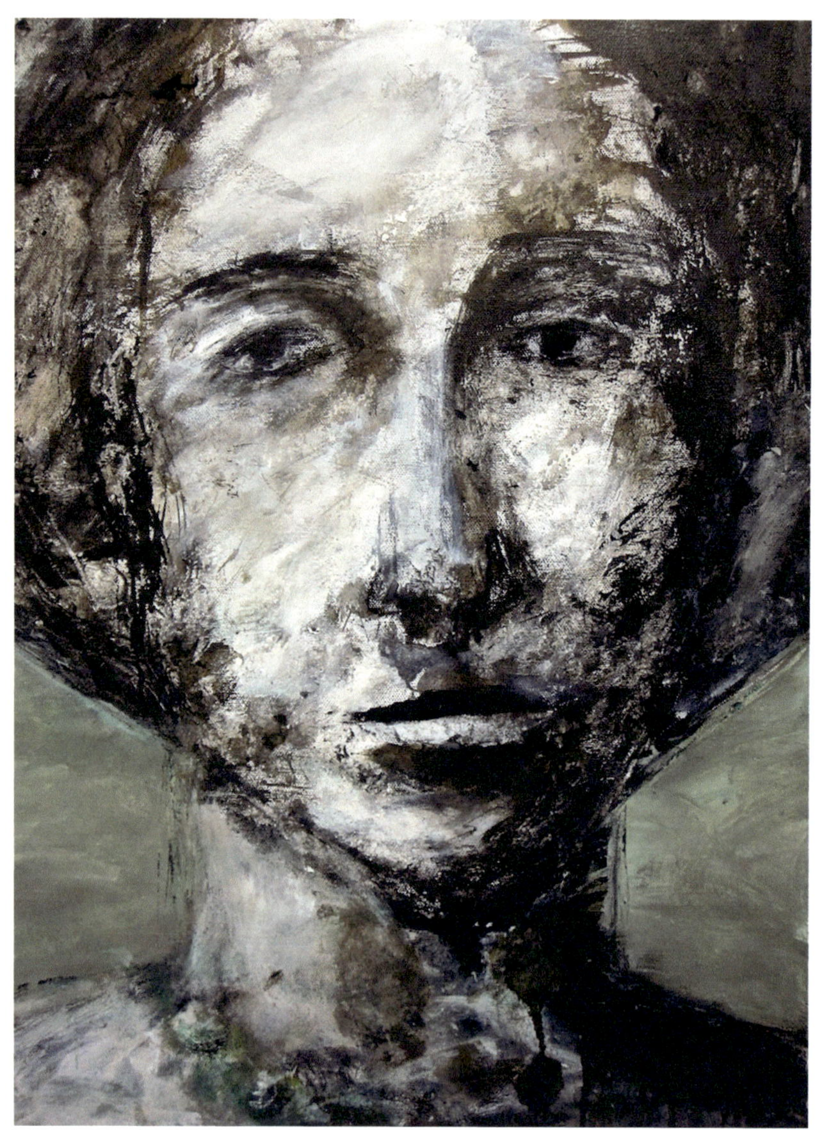

Königin, 2012
Tusche, Ölstifte, Graphit, Acryl auf Leinwand
70 x 50 cm

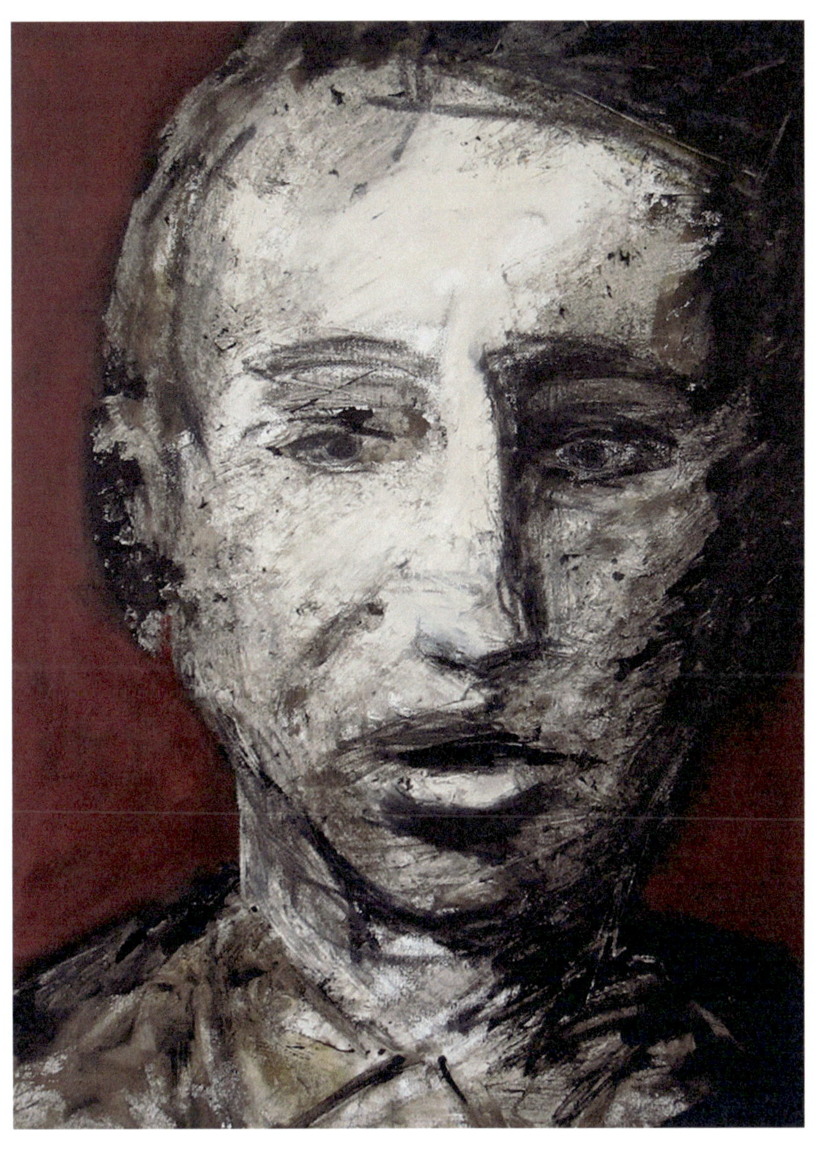

König, 2011
Tusche, Ölstifte, Graphit, Acryl auf Leinwand
70 x 50 cm

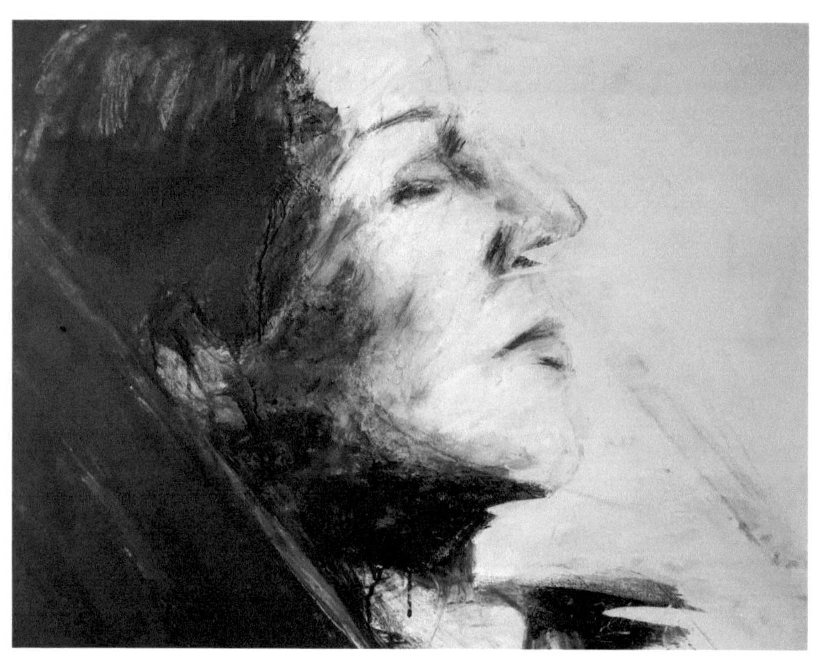

Sonnenbadende, 2012
Tusche, Acryl, Graphit, Ölstifte auf Leinwand
60 x 80 cm

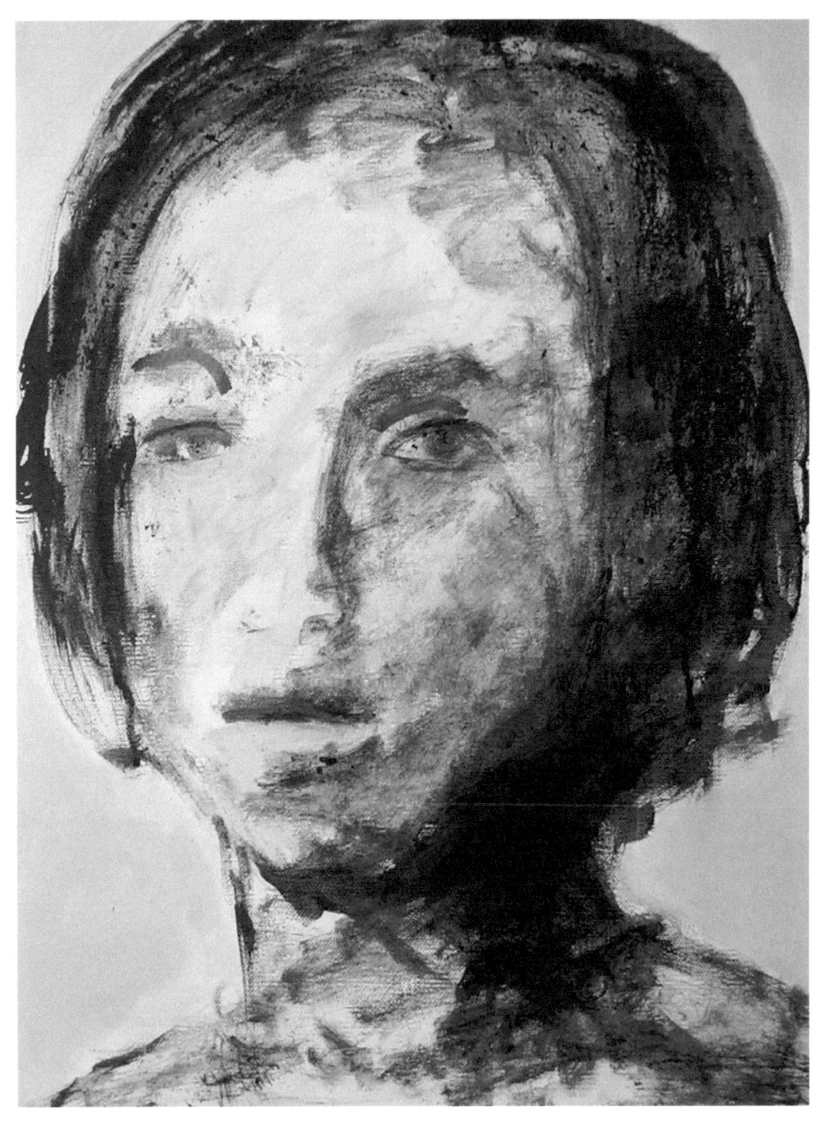

Was ich gesehen habe, 2013
Tusche, Acryl, Graphit, Ölstifte auf Leinwand
70 x 50 cm

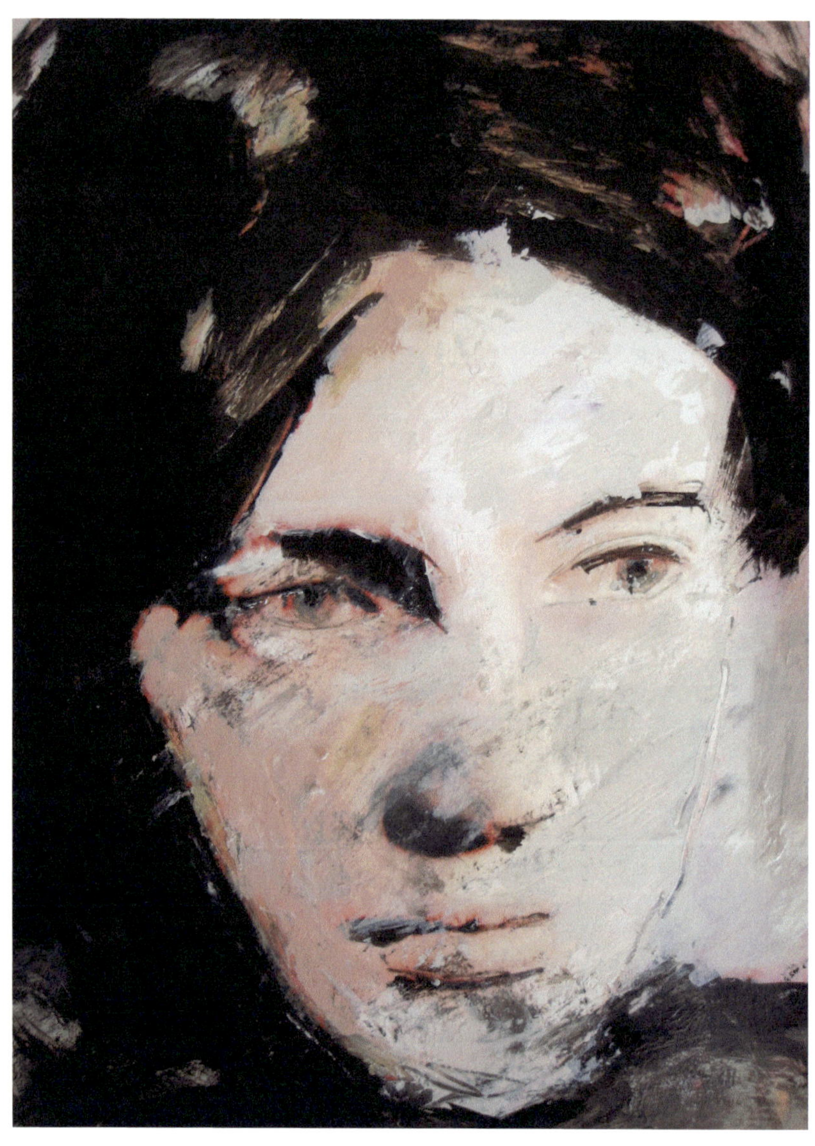

Portrait, 2011
Tusche, Acryl, Graphit, Ölstifte auf Karton
30 x 24 cm

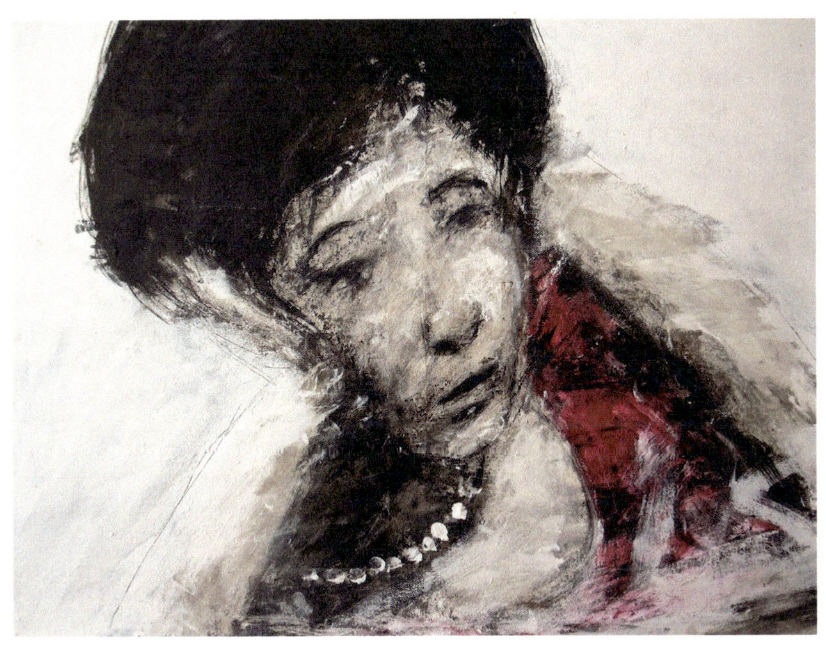

Sister Sister, 2011
Tusche, Acryl, Graphit, Ölstifte auf Leinwand
40 x 50 cm

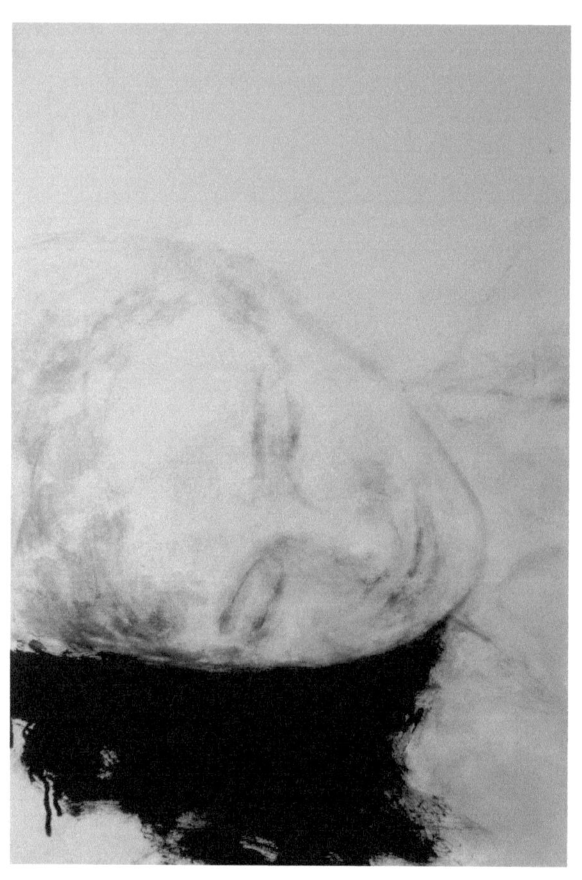

Frau auf Schatten, 2012
Tusche, Acryl, Graphit, Ölstifte auf Leinwand
70 x 50 cm

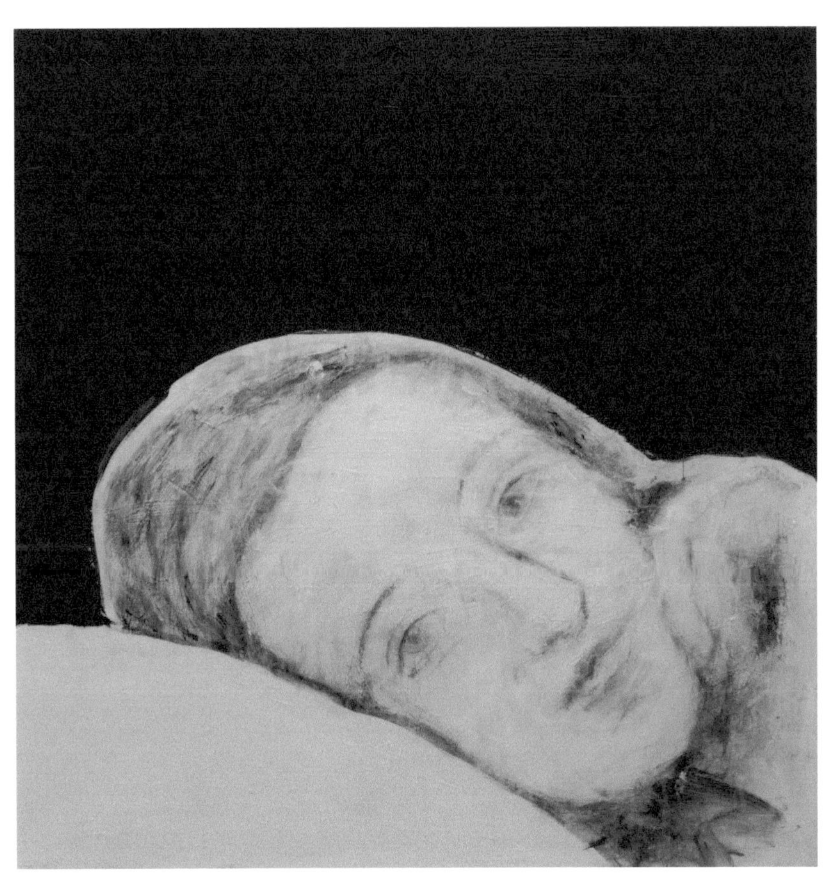

Portrait, 2014/22
Tusche, Acryl, Graphit auf Leinwand
80 x 80 cm

CORONA ISLAND

Tomorrow I will become an Island.
– Coco Fusco

Where is the Life we have lost in living?
Where is the wisdom we have lost in knowledge?
Where is the knowledge we have lost in information?
– T. S. Eliot, *The Rock*

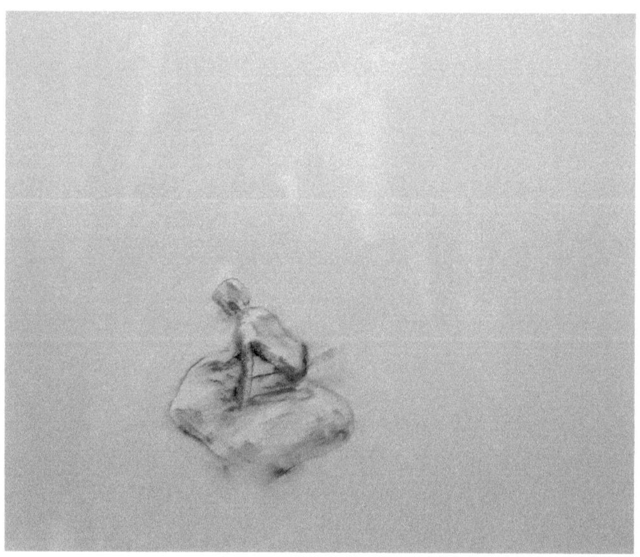

Corona Island, 2021
Tusche, Acryl, Pigmentstifte auf Leinwand
50 x 60 cm

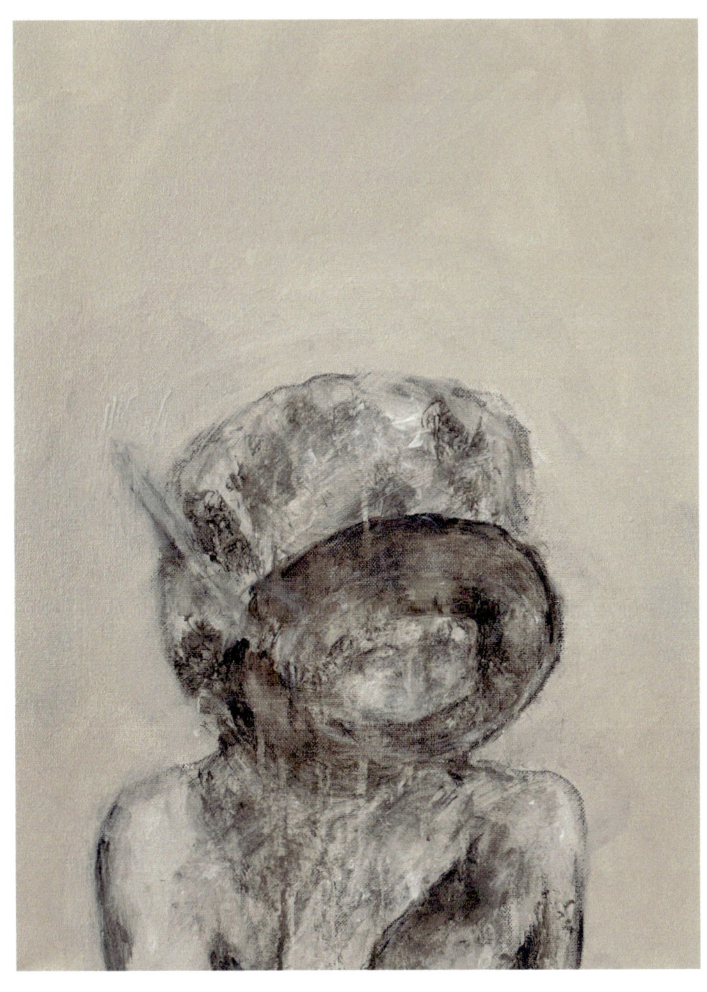

Abtauchen, 2020
Tusche, Acryl, Pigmentstifte auf Leinwand
60 x 50 cm

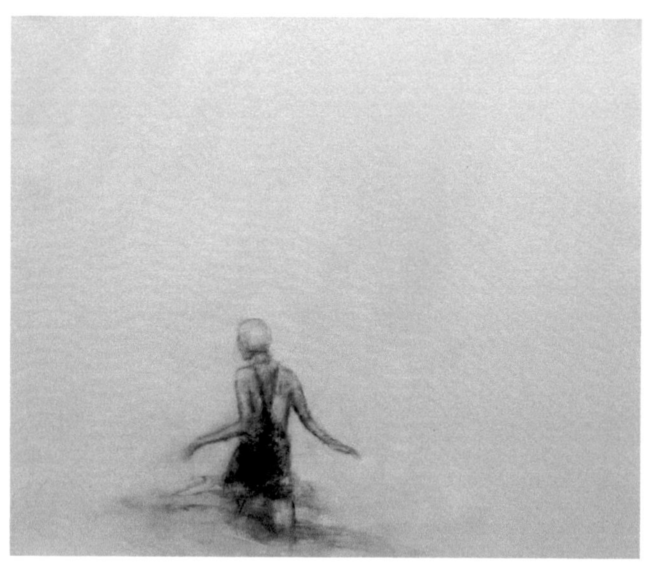

oben:
Rücken, 2020
Tusche, Acryl, Pigmentstifte auf Leinwand
50 x 60 cm

unten:
Rücken II, 2020
Tusche, Acryl, Pigmentstifte auf Leinwand
60 x 70 cm

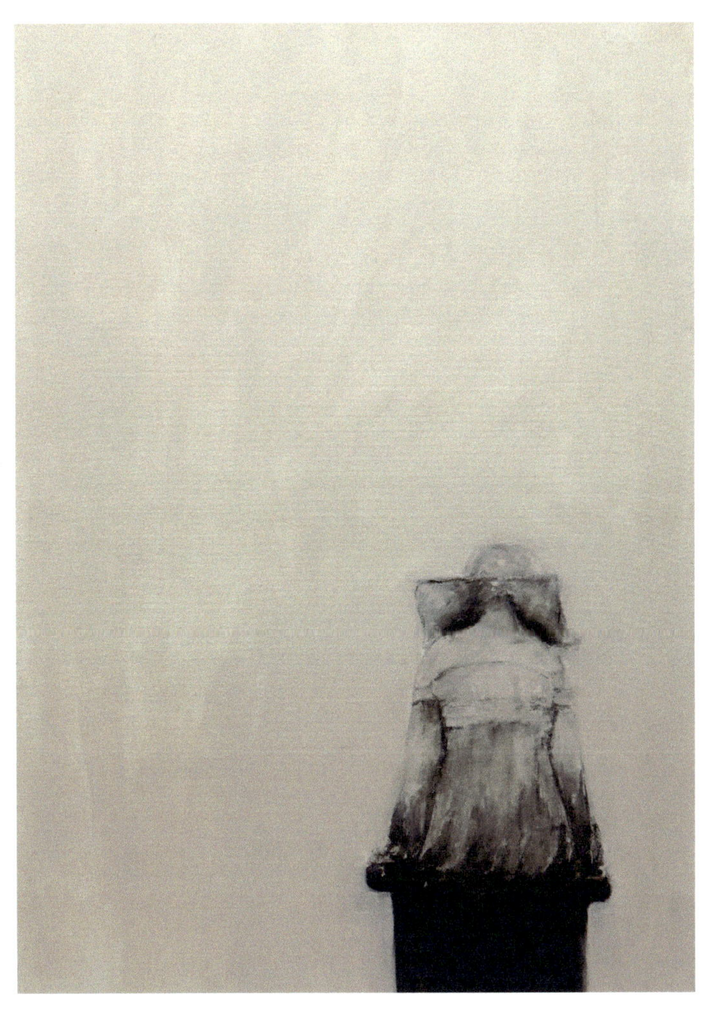

Rücken, 2020
Tusche, Acryl, Pigmentstifte auf Leinwand
70 x 50 cm

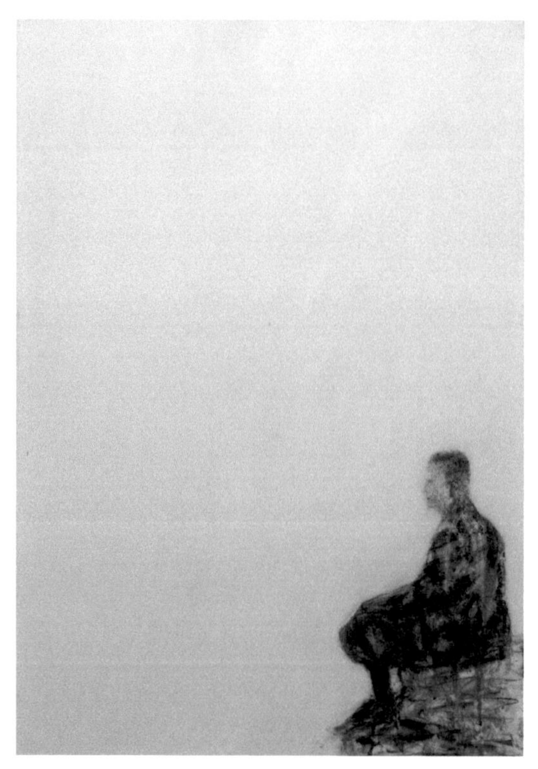

Warten, 2021
Tusche, Acryl, Pigmentstifte auf Leinwand
70 x 50 cm

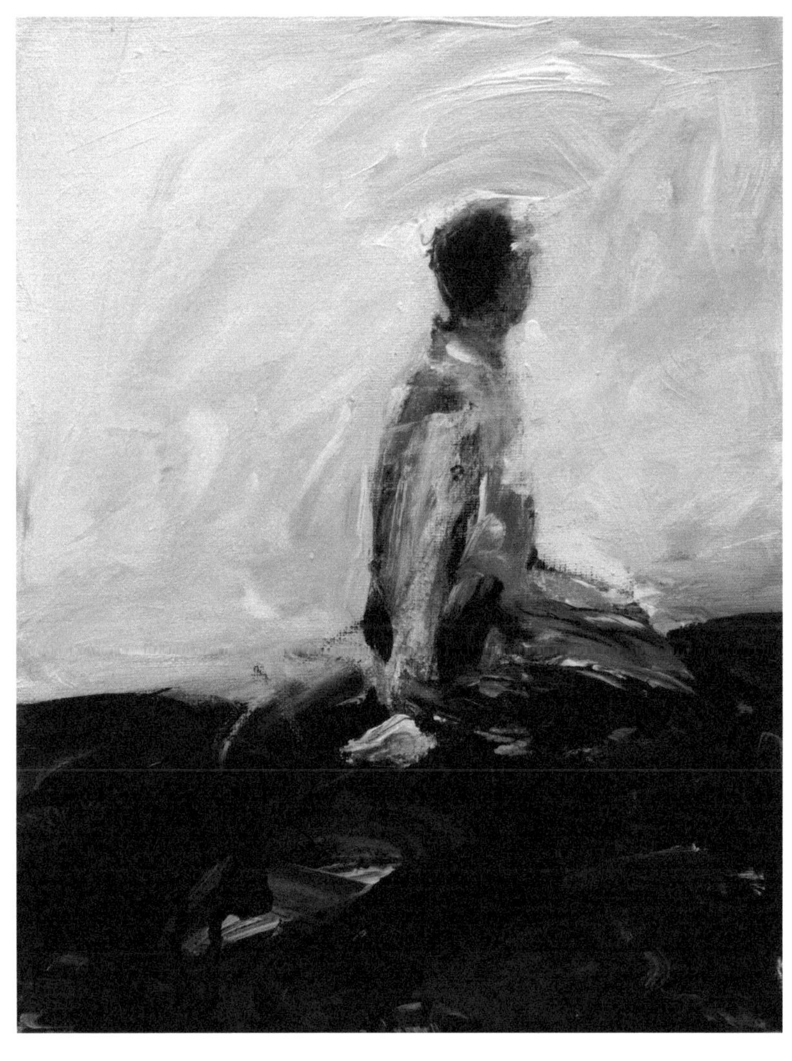

Auf dem Berg, 2016/21
Tusche, Acryl, Pigmentstifte auf Leinwand
40 x 30 cm

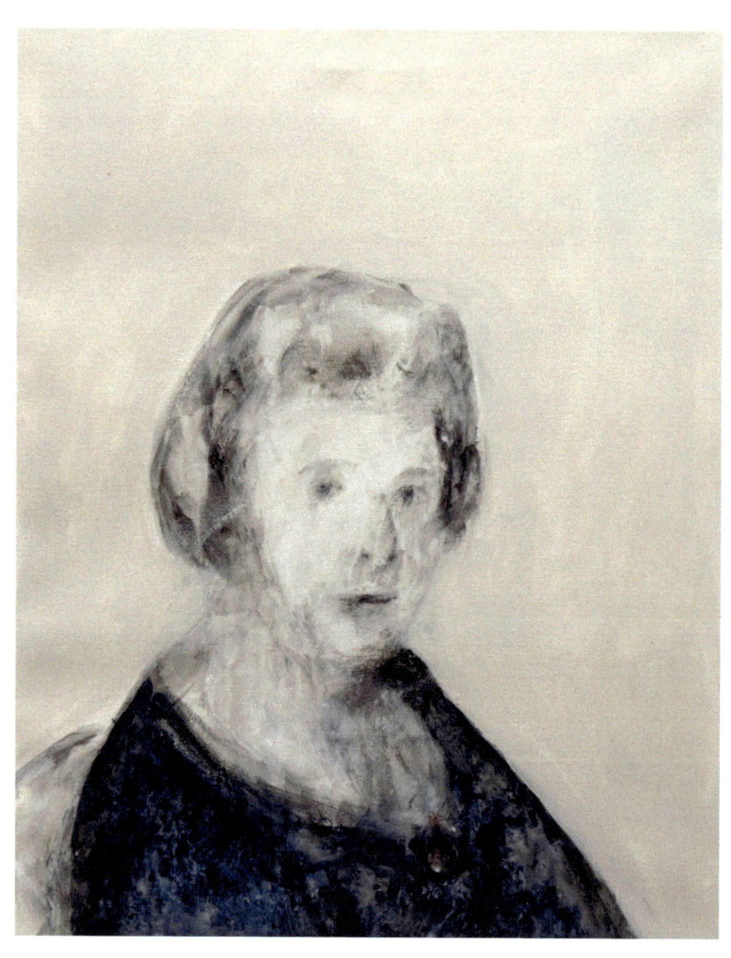

Portrait, 2021
Tusche, Acryl, Pigmentstifte auf Leinwand
50 x 40 cm

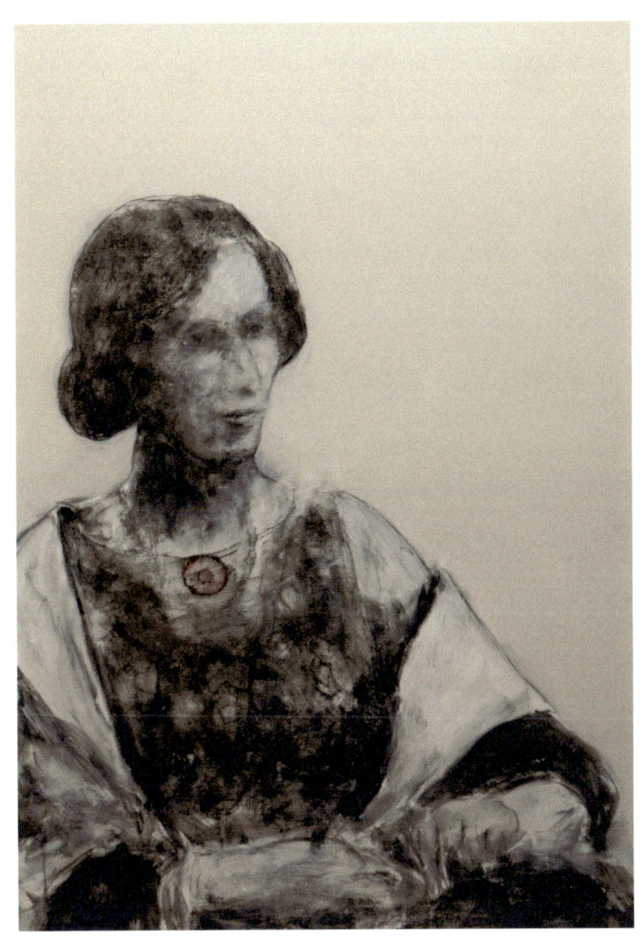

Rote Brosche, 2021
Tusche, Acryl, Pigmentstifte auf Leinwand
120 x 70 cm

GLEICH MUT

If man were never to fade away like the dews of Adashino, never to vanish like the smoke over Toribeyama, but lingered on forever in this world, how things would lose their power to move us! The most precious thing in life is its uncertainty.
– Yoshida Kenkô

Alle guten Dinge haben etwas Lässiges und liegen wie Kühe auf der Wiese.
– Friedrich Nietzsche, *Menschliches, Allzumenschliches*

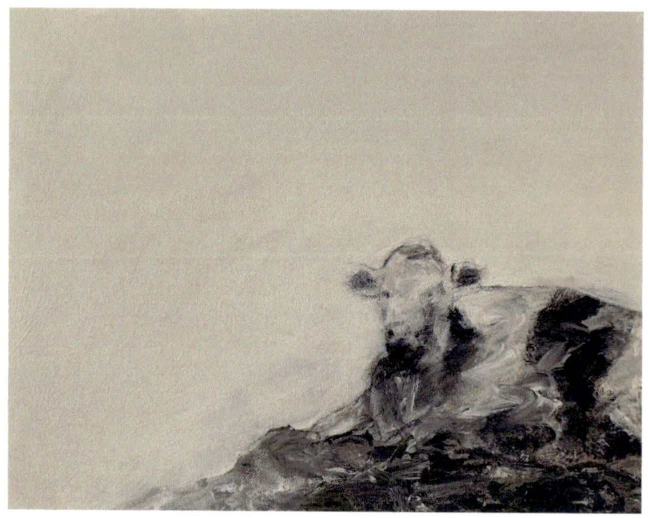

Kuh, 2020
Tusche, Acryl, Pigmentstifte auf Leinwand
30 x 40 cm

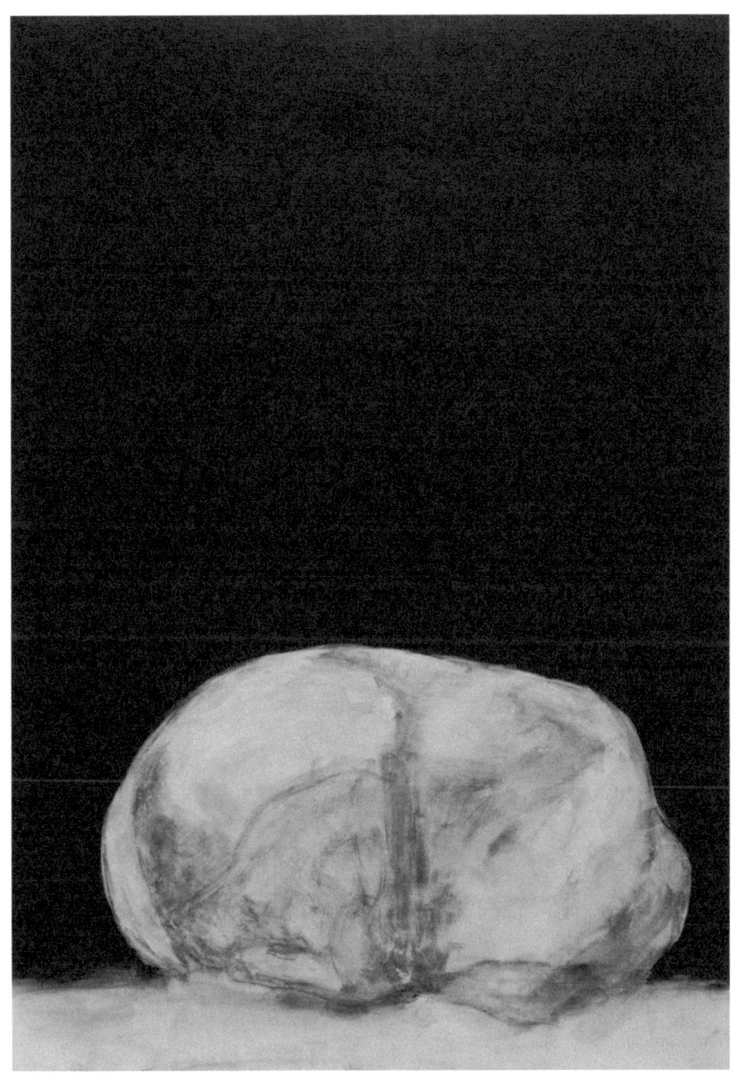

Schlafender Hund, 2019
Tusche, Acryl, Pigmentstifte auf Leinwand
70 x 50 cm

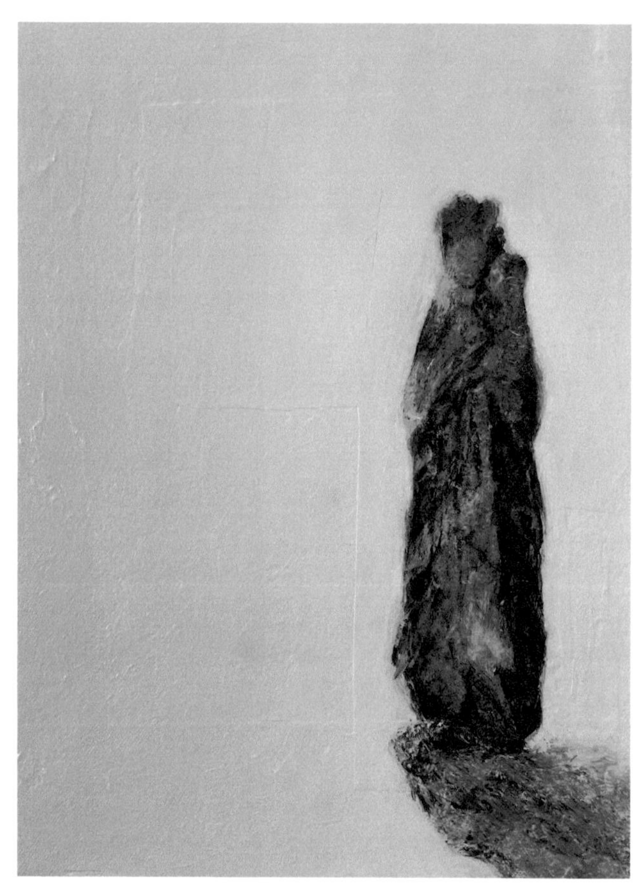

o.T., 2012/23
Tusche, Graphit, und Acryl auf Papier und Leinwand
40 x 30 cm

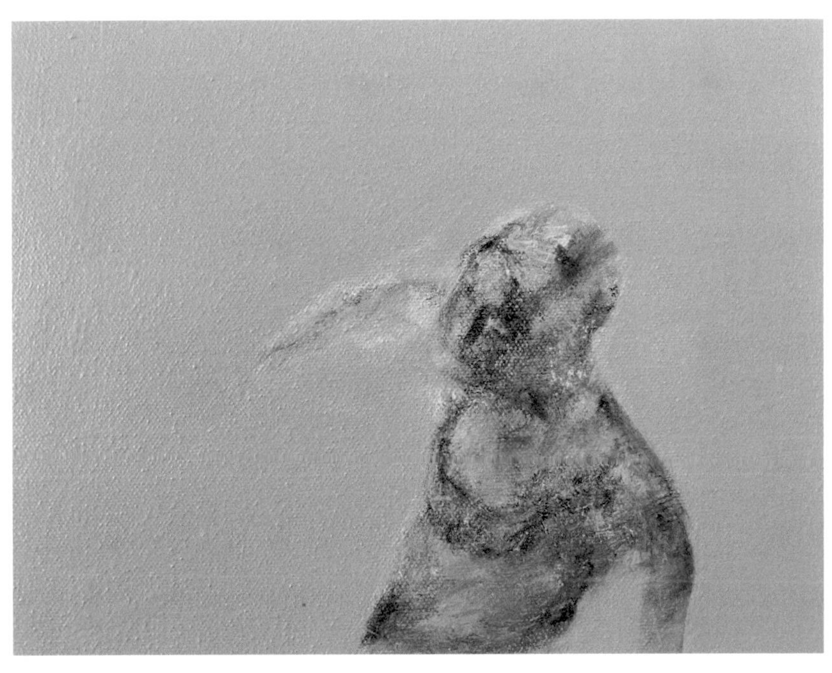

Floating Olga, 2009
Tusche, Acryl, Ölstifte auf Leinwand
30 x 40 cm

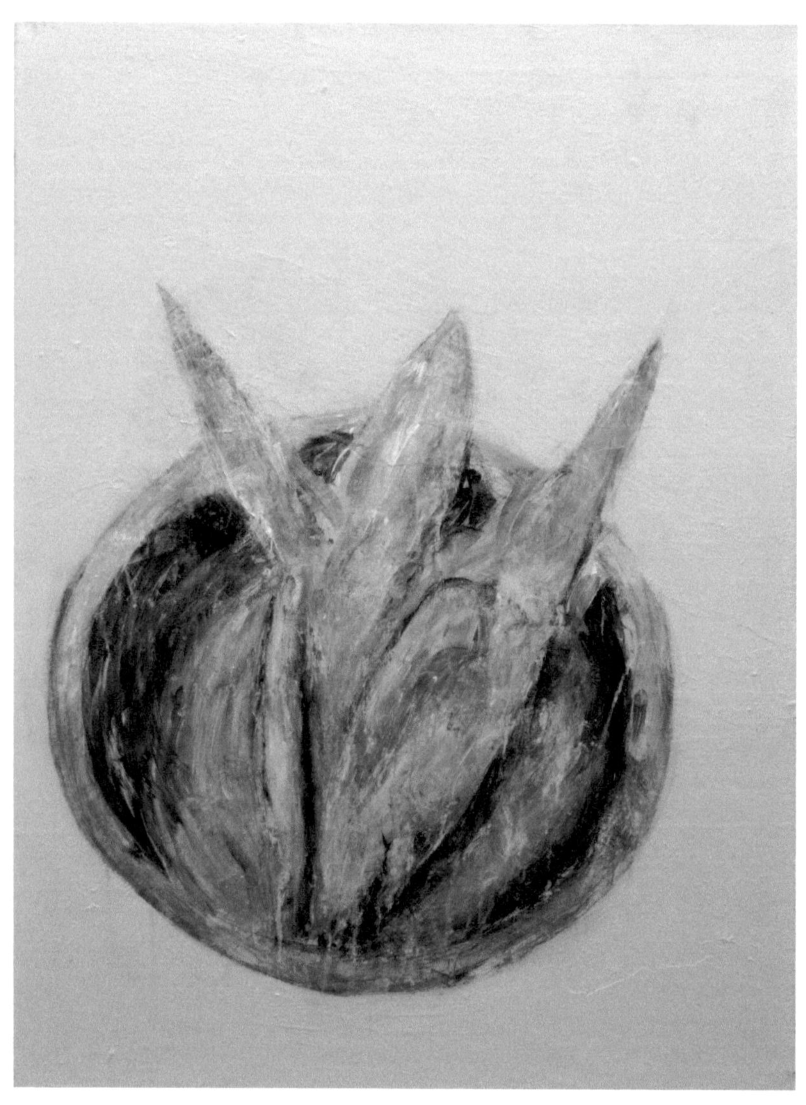

Fisch im Topf, lächelnd, 2021
Tusche, Acryl, Pigmentstifte auf Leinwand
80 x 60 cm

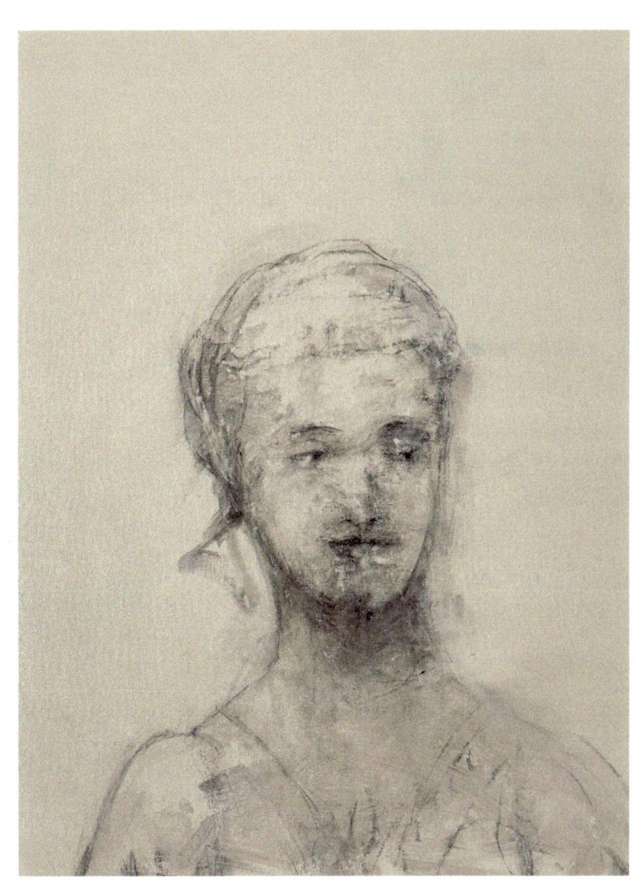

Portrait II, 2022
Tusche, Acryl, Pigmentstifte auf Leinwand
60 x 50 cm

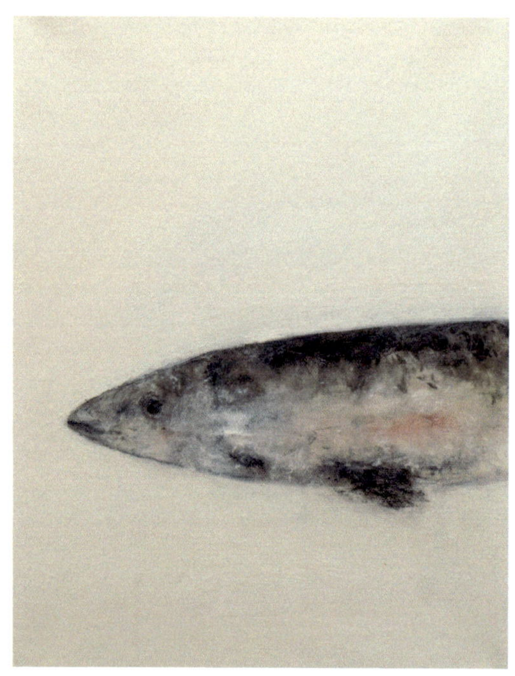

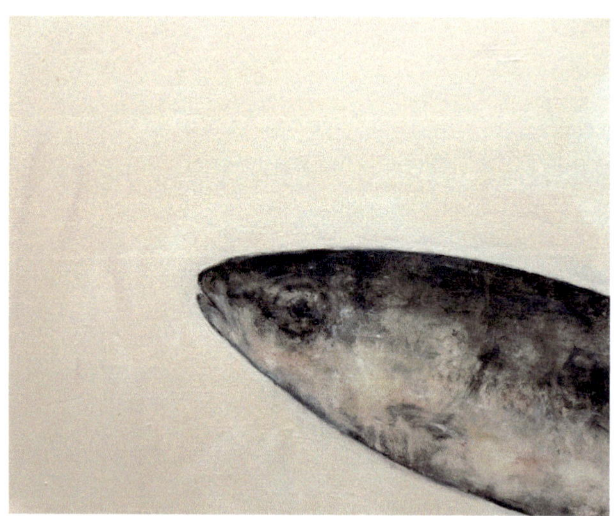

oben:
Fisch II, 2021
Tusche, Acryl, Pigmentstifte auf Leinwand
40 x 30 cm

unten:
Fisch IV, 2021
Tusche, Acryl, Pigmentstifte auf Leinwand
40 x 50 cm

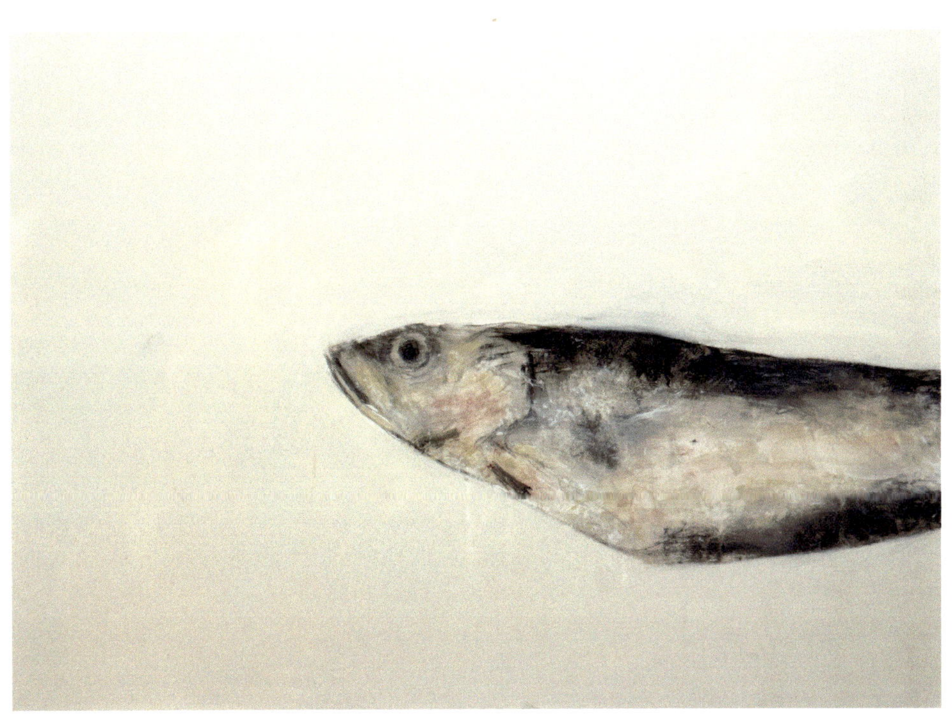

Fisch III, 2021
Tusche, Acryl, Pigmentstifte auf Leinwand
50 x 70 cm

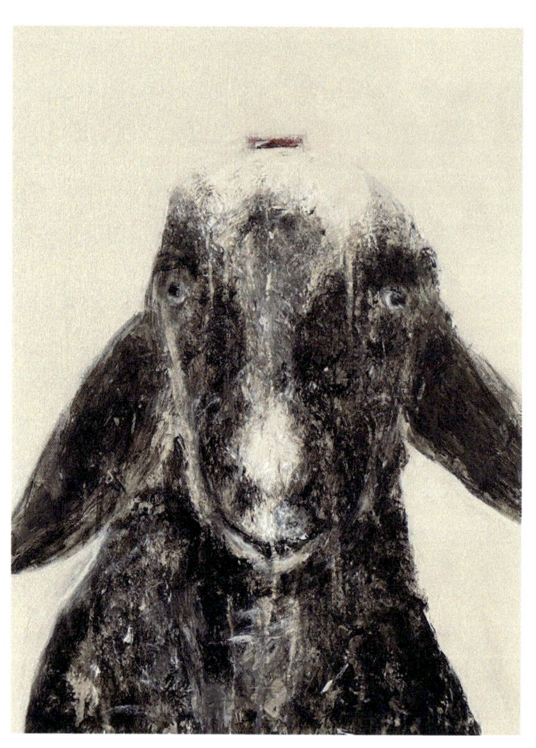

Portrait eines schwarzen Schafs, 2020
Tusche, Acryl, Pigmentstifte auf Leinwand
60 x 50 cm

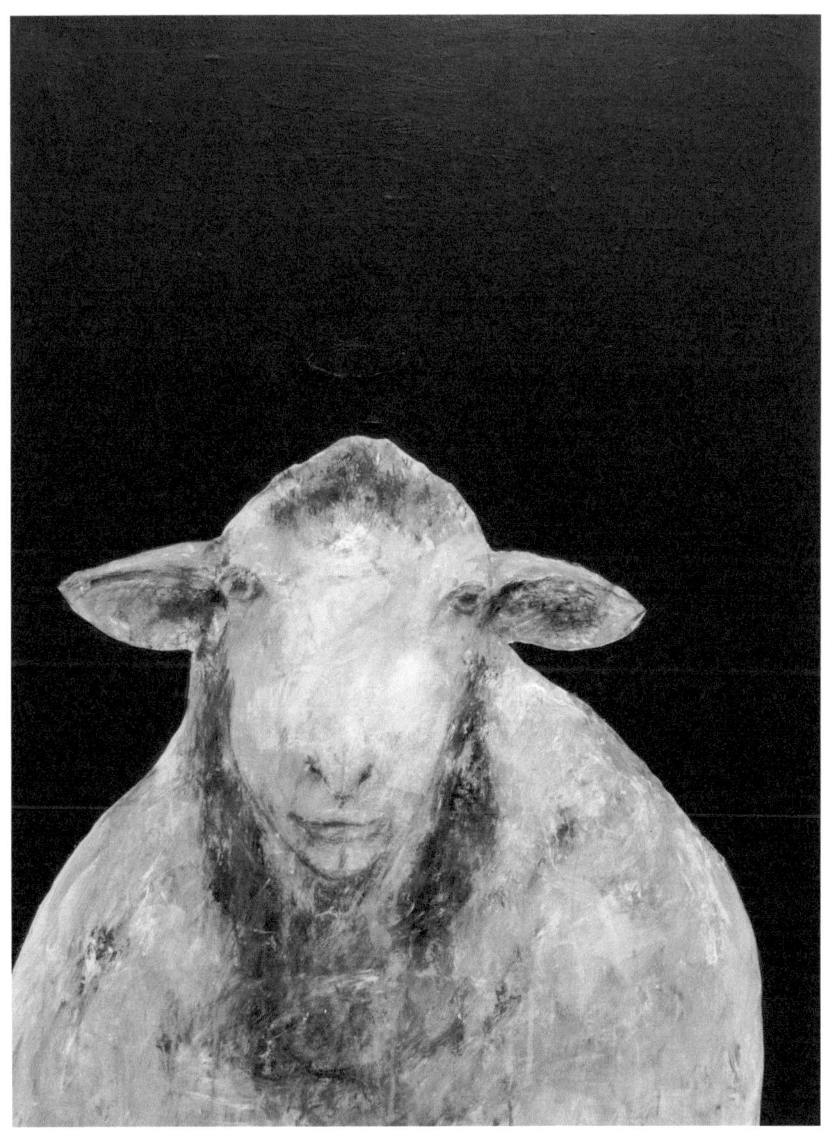

Schaf (Geduld), 2021
Tusche, Acryl, Pigmentstifte auf Leinwand
80 x 60 cm

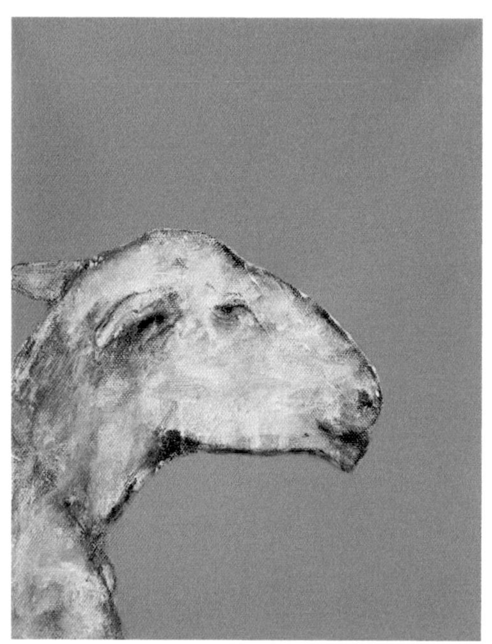

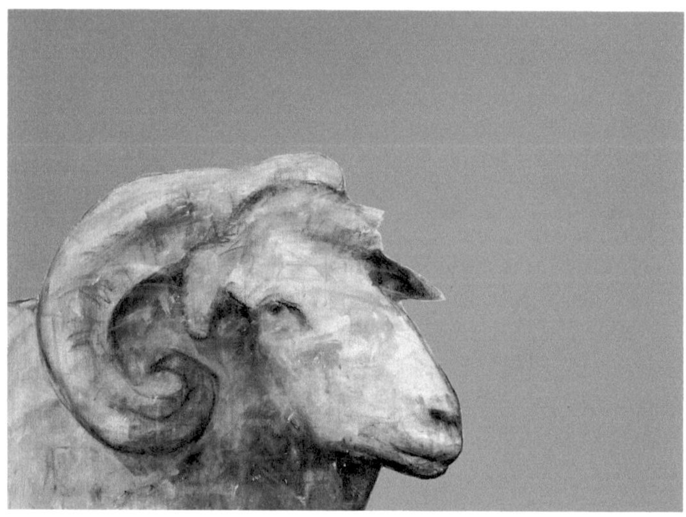

oben:
Schaf I, 2022
Tusche, Acryl, Pigmentstifte auf Leinwand
40 x 30 cm

unten:
Profil eines Schafbocks, 2022
Tusche, Acryl, Pigmentstifte auf Leinwand
40 x 60 cm

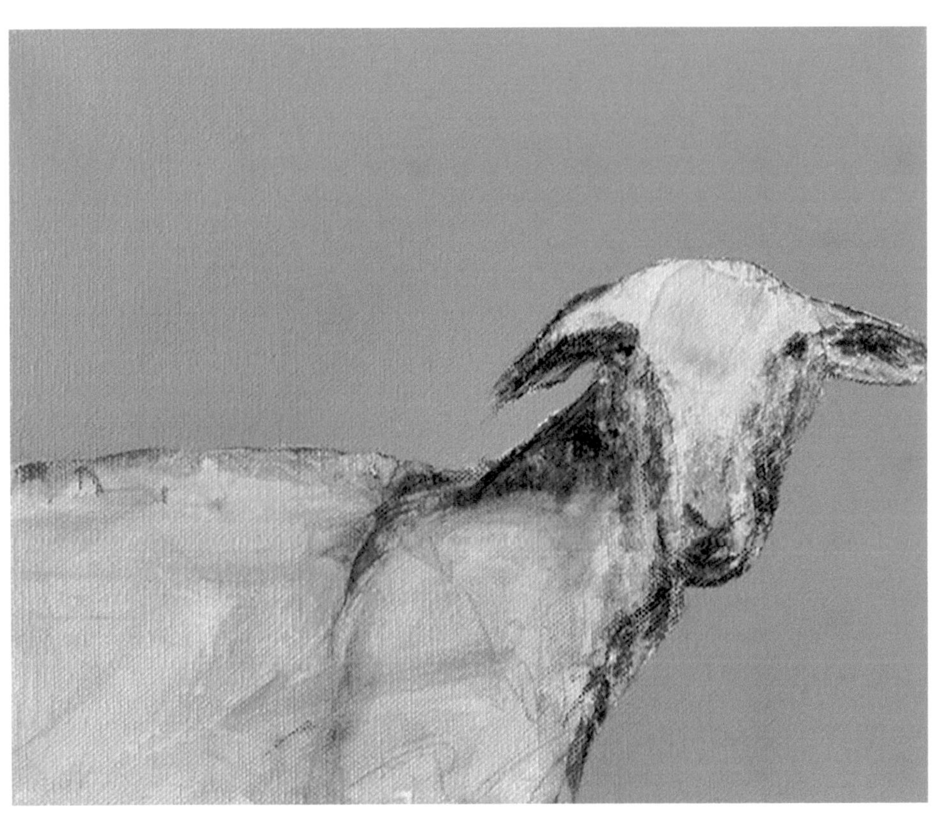

Schaf II, 2022
Tusche, Acryl, Pigmentstifte auf Leinwand
30 x 40 cm

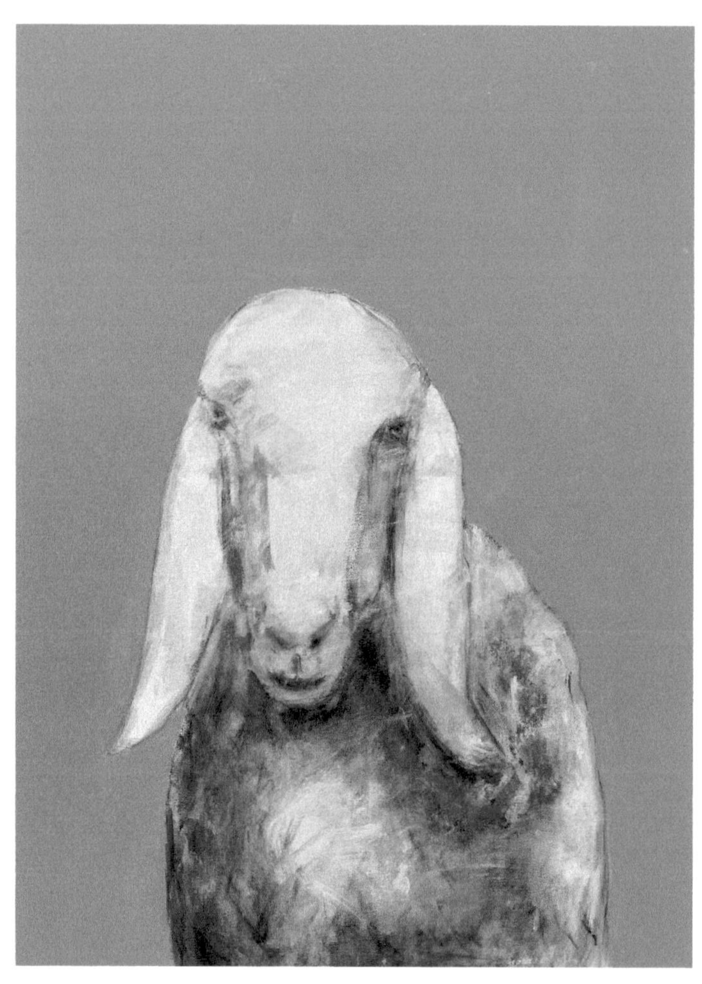

S., 2023
Tusche, Acryl, Pigmentstifte auf Leinwand
60 x 40 cm

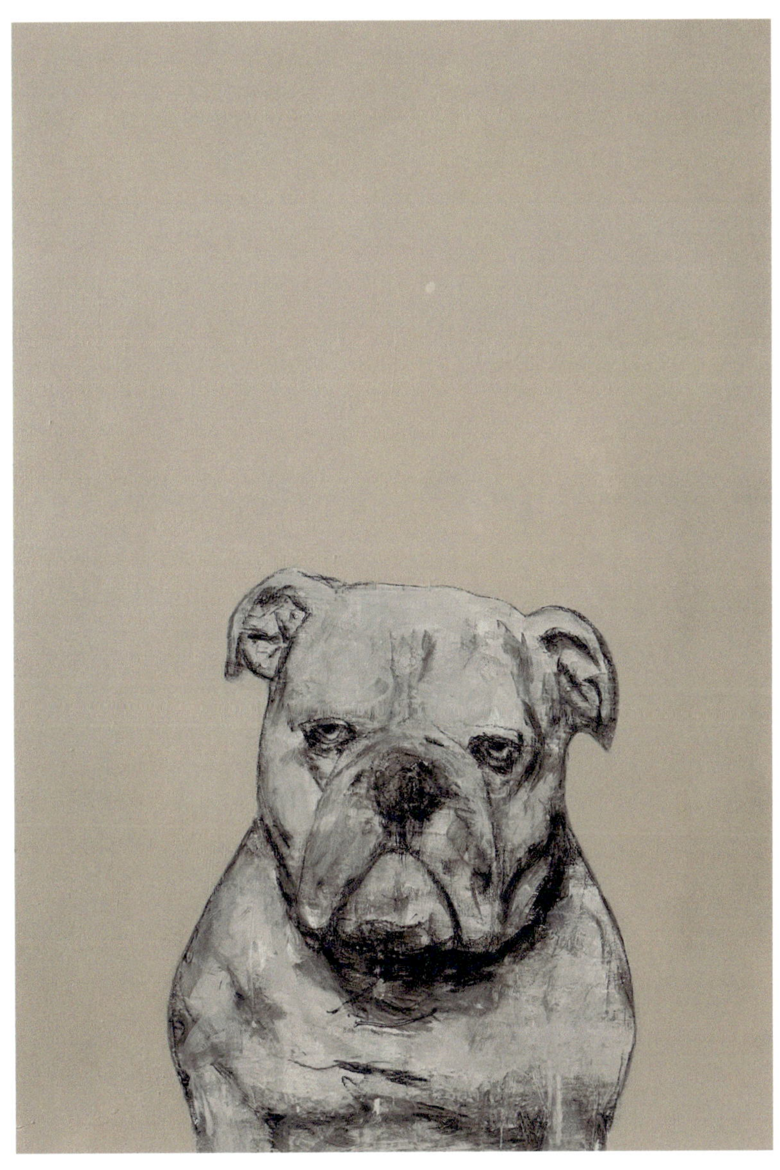

o.T., 2023
Tusche, Acryl, Pigmentstifte auf Leinwand
100 x 70 cm

Zum künstlerischen Werk von Geli von der Schulenburg

In ihrer künstlerischen Arbeit bewegt sich Geli von der Schulenburg immer wieder zwischen zwei Polen, die zunächst gegensätzlich erscheinen mögen: zwischen Ruhe und Bewegung. Die Menschen und Tiere, die sie ins Bild setzt, wirken oft verinnerlicht, beinah traumverloren (...). Zwar bestimmen Menschen, Tiere und Gegenstände als Motiv die Bildaussage. Aber die Flächen bilden nicht selten einen eigenständigen Konterpart dazu und werden selbst zum Bedeutungs- und Handlungsträger. So legt sich über die Figuren eine Stille und Gemütsruhe, die dem banalen Alltag vollständig enthoben ist. Die Innerlichkeit solcher Gesichter lässt eine Zuversicht erahnen, die wie ein Signal in den Zeichnungen aufscheint. Die Tiefe des Ausdrucks, die sich vor allem in den Tierporträts darstellt, hat die Künstlerin über viele Jahre in mehreren Serien entwickelt. Geli von der Schulenburg reagiert nicht nur intuitiv auf Motive, sie ordnet sie mit Linien und Strukturen neu: sie modelliert mit Pigmentstiften, mit Tusche, Acryl und Wasser und bringt so Schwerpunkte wie auch Perspektiven in ihre Bilder, die dem Blick Halt geben.

Themen wie Zeit, Entgrenzung, Sein und Nichtsein spielen für die Künstlerin eine große Rolle. Dabei schöpft sie aus ihrem Erfahrungsschatz, den sie als ästhetisch inspirierte Künstlerin in der Auseinandersetzung mit der Kunst, auch durch Beschäftigung mit alten Meistern wie Dürer, Giorgione oder Goya gewonnen hat. Jenseits aller stilistischen Zeitgenossenschaft wirken die Arbeiten von Geli von der Schulenburg gänzlich unverstellt: ein eindringliches und starkes Zeichen bis hin in die Katastrophen unserer Gegenwart.

– Dr. Monika Sandhack
Kulturjournalistin, langjährige Leiterin von 3Sat-Kulturzeit

The Artistic Work of Geli von der Schulenburg

In her artistic work, Geli von der Schulenburg moves between two poles that may at first seem contradictory: between stillness and movement. The people and animals she depicts often appear turned inward, almost lost in a dream (...). People, animals and objects do indeed determine the pictorial statement. But the surfaces often form an independent counterpart to them and themselves become carriers of meaning and action. In this way, the figures are imbued with a stillness and tranquillity that is completely removed from banal everyday life. The inwardness of such faces suggests a confidence that shines through the drawings like a signal. The depth of expression, which is particularly evident in the animal portraits, is something the artist has developed over many years in several series. Geli von der Schulenburg not only reacts intuitively to motifs, she also rearranges them with lines and structures: she models with pigment pencils, ink, acrylic and water, thus creating focal points and perspectives in her pictures that offer a foothold to the eye.

Themes such as time, the dissolution of boundaries, being and non-being play a major role for the artist. She draws on the wealth of experience she has gained as an aesthetically inspired artist in her engagement with art, including her study of old masters such as Dürer, Giorgione and Goya. Beyond all stylistic contemporaneity, Geli von der Schulenburg's works appear completely undisguised: a deep and powerful sign, even in the catastrophes of our present.

– Dr. Monika Sandhack
Cultural journalist, long-time director of 3Sat-Kulturzeit

BIOGRAPHIE

Geli von der Schulenburg

Studium Kunst und Architektur in Frankfurt und Darmstadt.
2012 - 2016 Galerie Martina Detterer, seit 2018 vertreten durch Galerie Hübner & Hübner, Frankfurt am Main. Seit 2011 Kunstprojekte zur kulturellen Bildung.
Lebt und arbeitet in Frankfurt am Main.

www.gelischulenburg.de
an.schulenburg@t-online.de

Einzelausstellungen (Auswahl):

2006 Installation *Himmel*, Weißfrauenkirche Frankfurt, kuratiert von Gerald Hintze
2008 *Olga Luft*, Galerie Braubachfive, Frankfurt
2008 *Leihgeister*, Plattform Sarai, Frankfurt
2009 *Chronik des Burgbaus*, Burg Falkenberg, Oberpfalz
2010 *Aus der Zeit*, Galerie Braubachfive, Frankfurt
2012 *Simone van der Loo / Geli von der Schulenburg*, Galerie Martina Detterer, Frankfurt
2016 *Schweigeland*, TextorArt Galerie Frankfurt
2018 *What Matters*, Galerie Hübner & Hübner Frankfurt
Mensch Maria, Galerie Ebbers, Warendorf
2019 *Dieses rätselhafte Glück*, Galerie Hübner & Hübner Frankfurt
2021 *Soviel Ruhe*, Galerie Hübner & Hübner Frankfurt
2022 *endlich*, Galerie Hübner & Hübner Frankfurt
2024 *Gleich Mut*, Galerie Hübner & Hübner Frankfurt

Gruppenausstellungen (Auswahl):

2008 Kunstpreis Sparkasse Karlsruhe
2015 *Kleine Formate*, Galerie Martina Detterer
2016 *Vielen Dank, auf Wiedersehen*, Galerie Martina Detterer
2017 *Maria im Puls der Zeit*, Warendorf
2018 *Das kann sich sehen lassen*, Galerie Hübner & Hübner Frankfurt
2019 Art Karlsruhe
Du sollst Dir (k)ein Bild machen, Atelier Frankfurt, kuratiert von Martina Elbert und Johannes Kriesche
2020 Art Karlsruhe
2022 Kunst-Benefizauktion zugunsten der Ukraine, Kooperation Atelier Frankfurt und Auktionshaus Christie`s, Jury-Auswahl
Art Karlsruhe
Schätze aus dem Archiv, Galerie Hübner & Hübner Frankfurt